JN044642

チームの成果を最大化する

オンライン会議 BASICS 100

Masumi Tani
谷 益美

日本能率協会マネジメントセンター

はじめに

本格的に、テレワークが必要な時代になりました。これまで当然のようにみんながオフィスに集まって仕事をしていた企業にも、テレワークが普及してきています。

そして、テレワーク時代に、ビジネスにおける大事なコミュニケーションの場になるのが、オンライン会議です。

本書には、オンライン会議を行うときに絶対に押さえておきたいBASICS（基本）を、100個集めました。

単に集めただけでなく、「使う順」に並べてあります。

本書のBASICSをひとつひとつチェックしていけば、オンライン会議の準備から終了後のフォローまで、スムーズに、有意義に進むでしょう。そして、チーム全体の生産性が、大きくアップするはずです。

よく、こんな声を耳にします。

「オンラインになると、会議が何だかうまくいかない」

「無理やりやっているけれど、機械が苦手だから、いつもおっかなびっくり」

「どうすればいいかよくわからないから、オンライン会議はＩＴ系の得意な若手に任せて、あとで報告してもらうことにしている」

あっ、自分だ、と思った方。

大丈夫です。そういう方の不安をなくすために、本書をまとめました。

テレワークの時代になっても、「会議」にとって本当に大事なことは、じつは変わりません。

だから、「機械に強くないとオンライン会議はうまくいかない」「ＩＴに強くないとオンライン会議はできない」ということはないのです。

まっとうな「会議の仕方」のベースをもった上で、最低限の「オンラインの作法」を身につければ、それだけで誰でも、オンライン会議で不自由しなくなります。

本書をガイドに、安心してオンライン会議に臨（のぞ）んでください。

逆に、こういう声も聞こえてきます。

「オンライン会議なんて、いつもの会議をオンラインでやればいいだけでしょ?」

「ツールの使い方だけ最初に調べて、問題なくオンライン会議をやれてますよ」

こういうふうに思っている方にも、ぜひ一度、本書をチェックしてみていただきたいのです。

というのも、本書のBASICSは、「いったんオンライン会議のツールの使い方を知った人には、もはや不要な知識」ではないと思うからです。

私はこれまで、「チームの実力を引き出してまとめる」ということを中心テーマに、会議の方法やチームの運営についての本を書いたり、セミナーを行ったりしてきました。最近では、オンライン会議についてのご相談もずいぶん多くなっています。

そんな中、私が今、強く思うようになっているのは、次のことです。

テレワーク時代のオンライン会議は、「これまでやっていた会議を、リアルでは開けなくなったから、代わりにオンラインで開くことにした」というだけではもったいない。

これまでオフィスに集まっていたみんなが、バラバラにテレワークをするようになると、チーム内でコミュニケーションを取る機会が、どうしても減ってしまいます。そんな状況でのオンライン会議は、貴重なコミュニケーションの場としての意義をもつはずです。

本書では、あくまで「すぐに使える、具体的なテクニック」の紹介に努めながら、「これからの時代に、チームとしてビジネスに取り組むときのマインド」にもふれています。

テレワーク時代に、どのようにコミュニケーションを取り、チームの成果を上げるか。そのような観点から、つねに立ち返るべきポイントを整理したつもりです。

オンライン会議を、そしてチームのプロジェクトを実り多いものにするために、本書を使い倒していただければ幸いです。

2020年9月

谷益美

第1章 オンライン会議を成功させる秘訣

第2章 オンライン会議の「全体デザイン」を考える

第3章 オンライン会議は「準備」で差がつく

第4章 「会議直前」はやることがいっぱい！

第5章 オンライン会議の始め方

第6章 オンライン会議を円滑に進める

第7章 オンライン会議で「引き出す」技術

第8章 オンライン会議を「まとめる」技術

第9章 オンライン会議の終わり方

巻末付録

オンライン会議を成功させる秘訣

この章では、オンライン会議についての基本的な考え方や、個別の注意事項に進む前に押さえておきたい大前提を紹介します。リアル会議との共通点や違いをもとに、オンライン会議の「本質」をつかみましょう。

BASIC 01

会議の成否を決めるのは「通信環境」

最初に、一番大事なことをいいます。

オンライン会議を行うにあたって、何よりも重要になってくるのは、**よい通信環境を確保すること**です。

身も蓋もないことですが、ここが整わなければ先には進めません。

会議とは、みんなが同じ時間を共有して話し合うことです。その時間を実り多いものにするためには、準備をしっかり行うことが必要です。そして、オンライン会議の準備の中でも最も重要な準備が、よい通信環境の確保なのです。

オンラインではなく、みんなで会議室に集まって行う「リアル会議」を考えてみてください。基本的にリアル会議では、参加者が同じ場所に集まれないと、そもそも「会議」になりません。ですから、会議の場所を確保することが重要です。

「会議の場所がない！」という最悪の事態を避けるために、高いお金を払って貸し会議室を借りることもあります。

インターネット通信によるオンライン会議の場合、実際の場所に集まる必要はありませんので、場所取りには悩まずにすみます。

しかし、参加者のインターネット通信がうまくつながらなかったら、やはり「会議」になりません。通信環境の確保は、**リアル会議の場所取りと同じ重要性をもつのです。**

オンライン会議に参加する可能性がある人は、とにかく少しでも通信環境をよくすることを考えてください。**あなたの通信環境をよくすることが、会議を実り多いものにすることにつながります**（BASIC 33 でまた取り上げます）。

また、会議の運営側は、**参加者全員の通信環境に配慮**したいものです。これはある意味、リアル会議の場所取り以上に大変なことですが、事前に確認の連絡をするだけでも、だいぶ変わってきます（くわしくはBASIC 28 で取り上げます）。

リアル会議にあって オンライン会議にないもの

会議の事前準備や進め方について、リアル会議でもオンライン会議でも、本質的にはあまり違いはありません。

しかし、**リアル会議にはあるけれどもオンライン会議にはないもの**は、確実に存在します。それを意識すれば、**オンライン会議では何に気をつければいいのか**が、自然とわかってきます。

リアル会議にあって、オンライン会議にないもの。それをひと言でいえば、**場の雰囲気**です。

もちろん、いわゆる「空気感」のようなものが、まったくないわけではありません。パソコンのモニター越しでも、「今はピリピリしているな」とか「ちょっとなごんだな」といった感じを共有することはできます。

しかし、リアル会議の場合を思い出してみてください。会議室をちょっと見回すだけで、全員の姿勢や表情などから、多くのことを感じ取れていたはずです。そのような、リアル会議では意識しなくても感じ取れていた情報は、オンライン会議では入ってこなくなります。

ですから、たとえば「今、みんなの反応はどうなのだろうか」といったことが知りたければ、いったん参加者の反応を聞く機会を作るなど、**意識的に情報を受け取りにいかなければならない**のです。

「雰囲気がわからない」というのは、悪いことばかりではありません。

リアル会議ではたとえば、大きな権限をもっている人どうしが本筋から脱線して雑談を行い、その流れで「雰囲気」的に、重要なことが決まった感じになってしまうようなこともあります。

オンライン会議では、そういったことが起こりにくく、丁寧に合意形成を行えるというメリットがあるのです。メンバーがうまく意見を出し合える場を作り、実り多い会議にしていきましょう。

「伝えにくく、受け取りにくい」ことを前提に

私たちは、リアル会議も含めた対面コミュニケーションでは、話し手の話の内容だけでなく、話し方の細かいニュアンスや、表情や姿勢などから、多くの情報を受け取っています。

たとえば、話の中のひと言を聞き逃したり理解できなかったりしても、**非言語的な要素**を手がかりにして、何となく補って受け取ることも可能です。

しかしオンライン会議では、普段のコミュニケーションの中で大きな役割を果たしている非言語的な要素が、かなりそぎ落とされてしまいます。

オンライン会議で誰かがしゃべるとき、聞く側はイヤホンやヘッドホン、またはパソコンのスピーカーを通してその声を聞くことになります。

また、カメラをオンにしていれば話し手は見えますが、話し手の姿は、パソコンのモニターがいくつかに分割された小さな区画のひとつに、ほぼ顔だけが映っているような状態です。

そのような状況では、声の張りや抑揚（よくよう）、表情の変化や態度などを、対面のときと同じ精度で受け取ることはできません。

さらにオンラインでは、通信の状態によってどうしても、音声が聞こえづらくなったりすることがあります。

では、どうすればよいのでしょうか。

「オンライン会議では、**伝えにくく、受け取りにくいもの**だ」という前提の上で、**ほかの参加者への配慮**をするようにしましょう。

たとえば、**しゃべるときにはっきり発音したり、早口になりすぎないように気をつけたりする**だけでも大きく違います。

また、話を聞くときにも、「ぼんやりしていると聞き逃してしまうぞ」と意識して、**少し集中力を高める**とよいでしょう。

BASIC 04

「ルール」と「マナー」が重要

オンライン会議では、「場の雰囲気」も含めた非言語的な情報を、受け取ることが難しくなります。そのため、配慮が必要になるのでした。

「みんなに声が届いているか」
「ほかの人たちは、話についてきているか」
「誰か、話をしたそうな人がいないか」

リアル会議でも、こういったことに対する配慮は重要ですが、オンライン会議では、リアル会議以上に気をつけなければフォローができません。

そこで重要になってくるのが、**ルール**と**マナー**です。

オンライン会議を頻繁に行うチームでは、**会議を成立させるために必要なことを、共通のルールとして設定し、「仕組み」**化しましょう。

たとえば、「参加した会議では、必ず何か発言する」などです。オンライン会議では、その場にいるだけでは様子や状況が伝わりにくいものですが、「必ず発言する」というルールを設ければ、お互いの様子を知り合うことができるようになります。

会議のルールを決めることで、話し合いが円滑に進むようになるだけでなく、**ルールを共有するチームの一体感**も生まれます。一度、**オンライン会議のルールを決めるオンライン会議**を開いてみてもよいかもしれません。

全体の「仕組み」だけでなく、メンバーのひとりひとりが、**会議を円滑に進めるためのマナーを意識する**ことも大事です。

これは難しいことではありません。基本的には、**コミュニケーションが成立するように配慮する**、というだけのことです。その配慮は、リアル会議で必要になる配慮と、本質的には同じものです。

オンライン会議に必要なルールとマナーをメンバー全員で共有して、実り多い時間へと変えていきましょう。

いつでも「聞こえません」と言ってOKにしよう

オンライン会議で気をつけるべきマナーについては、本書の全編、特に第5章で具体的に解説しますが、メンバーひとりひとりのマナーへの期待が高くなりすぎると、「これはマナー違反になるんじゃないか」という心配のせいで自由に発言できなくなったりして、かえって息苦しくなってしまうこともあります。

ルールとマナーの線引きは難しいところではありますが、「これを決まりごとにすれば、メンバーの負担が軽くなる」と思えるようなことは、チームのルールにしてしまったほうがよいでしょう。

オンライン会議のルールとして採用したほうがよいことのひとつに、**「いつでも『聞こえません』と言ってOK」**というものがあります。

オンライン会議では、いつ通信状況が変わって、音声が聞こえづらくなったり、映像が止まったりするかわかりません。そのようなトラブルに見舞(みま)われると、メンバーは「自分のトラブルを伝えて会議を中断させたら、全体に迷惑をかけてしまう」と考えがちです。自分で解決しようと悪戦苦闘し、その間、話し合いに参加できない、といったこともよくあります。

しかし、もしかしたらそのトラブルは全体にかかわるものかもしれません。そうでなくても、メンバーが会議から取り残されることのないよう、「聞こえなくなりました」「映像がおかしいです」といったトラブルは、**チャット機能**（テキストを打ち込んでやり取りする機能）などを使っていつでも気軽に報告してよいと、ルールで決めておきましょう。

たとえトラブル報告で会議が中断しても、解決後に「〇〇についての話でしたね」と戻せれば問題ありません。

そのためにも、**司会者**や**記録係**といった**役割分担**が必要になります。記録係がまとめていた記録をもとに、司会者が適切な話題に戻すのです。それぞれの役割については、次のBASIC 06で説明します。

BASIC 06

あらゆる会議に必要な「役割分担」とは？

オンライン会議に限らず、みんなが「何となく」集まるだけでは、「とりとめなく話をして、何も決まらないまま終わる」などということになりかねません。

会議の場の生産性を高めるには、**役割分担**が大切です。


まず必要なのは、議論をリードする**司会者**です。進行役、ファシリテーターなどと呼んでもよいですが、この人は本来、ふたつの役割をもっています。

ひとつは「**引き出す**」ことです。会議の全体構成を考え、目的に合った問題提起を行って、メンバー全員の意見を引き出します。

誰かが意見を述べたときは、その話に反応を返して、ほかの人や次の話につなげます。みんなが話しやすい場を作るのも、大事な仕事です。

もうひとつは、「**まとめる**」ことです。メンバーが出してくれた意見を、目に

見える形で整理していきます。

このとき、だいたいどのオンライン会議ツールにもついている、**画面共有**の機能などを利用します。

画面共有とは、ひとりのメンバーのパソコン画面を、会議の参加者全員のモニターに映す機能です。Wordのような文書作成ソフトの画面を共有すれば、みんなで確認しながらひとつの文書をまとめていくことができますし、タッチペンを使った手書きメモの画面を共有することも可能です。

ただし、司会者が会議を進行しながら意見をまとめていくのは、特に慣れないうちは難しいかもしれません。

ですから、司会者とは別に、**記録係**（書記）もいるとよいでしょう。

司会者の「まとめる」の仕事を独立させて、ほかの人に任せるのです。

記録係は、自分の画面を共有し、メンバーの意見を書き込んでいきます。

また、**タイムキーパー**（時間管理）も必要です。会議の終了時刻を意識して、

「そろそろこの議題はまとめに入りましょう」などとアナウンスします。

これも、慣れれば司会者が兼ねることも可能ですが、誰かに頼んでおけば、ひとりの人の負担が減ります。

ここまでの司会者、記録係、タイムキーパーの3つは、リアル会議でも必ず設定したい役割です（ひとりの人が兼ねるかどうかは別として）。

そのほかに、**オンライン会議だからこそ考えておきたい役割**もあります。

オンライン会議の多くのツールには、カメラと音声で話をしながら、それぞれのメンバーが画面上に**サイン**を出す機能や、テキストを打ち込んでやり取りをする**チャット機能**がついています。

これらをうまく使いこなせると便利ですが、たくさんのサインやテキストを司会者ひとりでチェックするのは、なかなか難しいことです。

そこで、司会者を補佐する**アシスタント**を置いて運営するという選択肢もあります。

　また、オンライン会議では会議を成り立たせるために、**通信の技術**がとても重要になります。

　たとえば、技術面でトラブルが起きたメンバーからの問い合わせなどに、司会者ひとりですべて対応するのは大変です。

　ですから、通信面で助けてくれる**テクニカルサポーター**の役割を置くことも検討してみてください（BASIC 29参照）。

BASIC 07

テレワーク時代に不可欠の「チームラーニング」

プロジェクトチームなどの中で、メンバーどうしがお互いの特性などを知らせ合い、学び合う、**チームラーニング**という組織作りの方法があります。

これをしっかりと行えば、コミュニケーションや仕事の進め方が円滑になります。

チーム全体でテレワークを行っている場合、**本来は生活環境であるような場**で仕事を行い、オンライン会議にも出席するようなメンバーも多いでしょう。

そうなってくると、「**落ち着いてオンライン会議ができる部屋はあるのか**」「**家族に迷惑はかからないか**」といったことも、チームラーニングを通して互いに知っておく必要があります。

もちろん、そういうことはプライバシーとかかわりますから、デリケートな問

題です。

「何でもオープンにすることを、互いに強制する」というのではなく、「**仕事とプライベートの切り分けの仕方を、メンバーどうしで共有する**」という姿勢で、チームラーニングを行うとよいでしょう。

たとえば、「鍵のかからない部屋なので、オンライン会議の途中に、子どもが入ってきてしまうかもしれない」といった状況のメンバーもいるかもしれません。**個々の事情を事前に知っておき、「いいよ」と認め合えるようなチームを作ることが**大事です。

「その日、家に誰がいるか」などは、毎回変わってきます。

ですから、何か気がかりなことがある場合は、オンライン会議の前に「うちは今、こういう状況です」ということを、メールやチームのチャットなどで気軽に伝え合えるようにするとよいでしょう。

「顔出し」はいつも必要か？

オンライン会議の「心得（こころえ）」として、「表情からも多くの情報を伝えたり受け取ったりできるので、カメラはオンにして、顔を見て話をしましょう」といったことがよくいわれます。

しかし私は、どんな場合もカメラをオンにして「顔出し」しなければいけない、とは考えていません。

たとえば、**初めて会う人がいる会議**だと、顔を見て話せたほうが、「この人はこういう人なのか」ということも含めて、よくわかります。

しかし、**よく知っている人どうしの少人数**で、お互いに気兼ねなく反応を言い合えるようなら、カメラオフでも問題ありません。

「何を決めなければいけないか」がはっきりしている**コンテンツ集中型**の会議の

場合は、音声と画面共有のみのほうが、むしろスムーズに進んだりします。

会議の内容に応じて、必要なら「顔出し」する。

そう割り切って、使い分けるとスマートです。

カメラをオンにして「顔出し」することは、ある意味、プライバシーをさらすことでもあります。「リアル会議でもやっていることじゃないか」と思われるかもしれませんが、BASIC 07でも述べたように、各メンバーがオンライン会議に参加する場所は、生活環境の中だったりします。説明が難しい事情を抱える(かか)メンバーもいるかもしれません。ですから、「絶対にカメラはオン」といったルールを定めるのではなく、**個別の事情があれば配慮できるようにする**のがよいでしょう。

BASIC 09

休憩も含めて、時間ははっきり決める

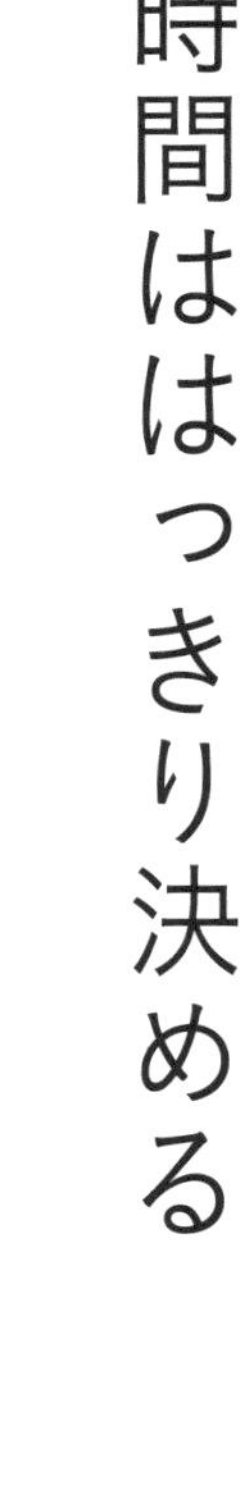

オンラインに限りませんが、会議は「長くやればよい」というものではありません。特にオンラインだと、対面以上の集中が必要になり、リアル会議よりも疲れる、という人もいます。

ですから、「これとこれが決まるまでとにかく議論する」というふうにせず、**時間をはっきりと区切って、その中で集中して議論する**ようにしてください。

オンライン会議の時間については、「1時間以内に」とか「30分以内に」とか、いろいろな説がありますが、参加するメンバーの性格や人数、差し迫った状況などにもよるでしょう。「無駄に長くならないように」とだけ気をつけて、ケースバイケースで判断すればよいと思います。

ただし、いくつか注意点があります。

予定を立てる際には、「**オンライン会議はスローペースになる**」と考えておいたほうがよいでしょう。技術的トラブルへの対処なども含めて、思ったようにスピーディーに進められないことが多いものです。

また、1時間を超える長さの会議の場合、**休憩時間も予定に入れておく**ように注意してください。

1時間を超えると、だんだんと集中力が持続しなくなります。また、誰かが「トイレに行きたい」と思っているかもしれません。

みんなが共有する時間の生産性を高めるためにも、**最低5分、できれば10分程度の休憩を取ること**が有効です。ちょっと頭をリフレッシュしたほうが、よいアイデアも浮かぶものです。

誰かが「疲れてきたから、そろそろちょっと休憩を取ろうか」と言うのを待つのではなく、「開始後1時間でいったん休憩に入る」と、**最初から決めておいたほうが効率的**です。

BASIC 10

議題を盛り込みすぎない

時間の決め方ともかかわりますが、オンライン会議を設定するときは、**リアル会議とは違った意識をもつ**ことが必要です。

リアル会議を開くときは、「場所を押さえること」と「人を集めること」に、どうしても労力が必要になります。

そのため、「せっかく場所があるんだから、ついでにあの話もしておこうか」とか、「せっかくみんな集まっているんだから、今、あのことも決めたほうがいい」というふうに、一度に議題をたくさんこなしたくなりますし、実際、そうしたほうがよいこともあります。

これに対してオンライン会議では、「場所を押さえること」は不要ですし、「人

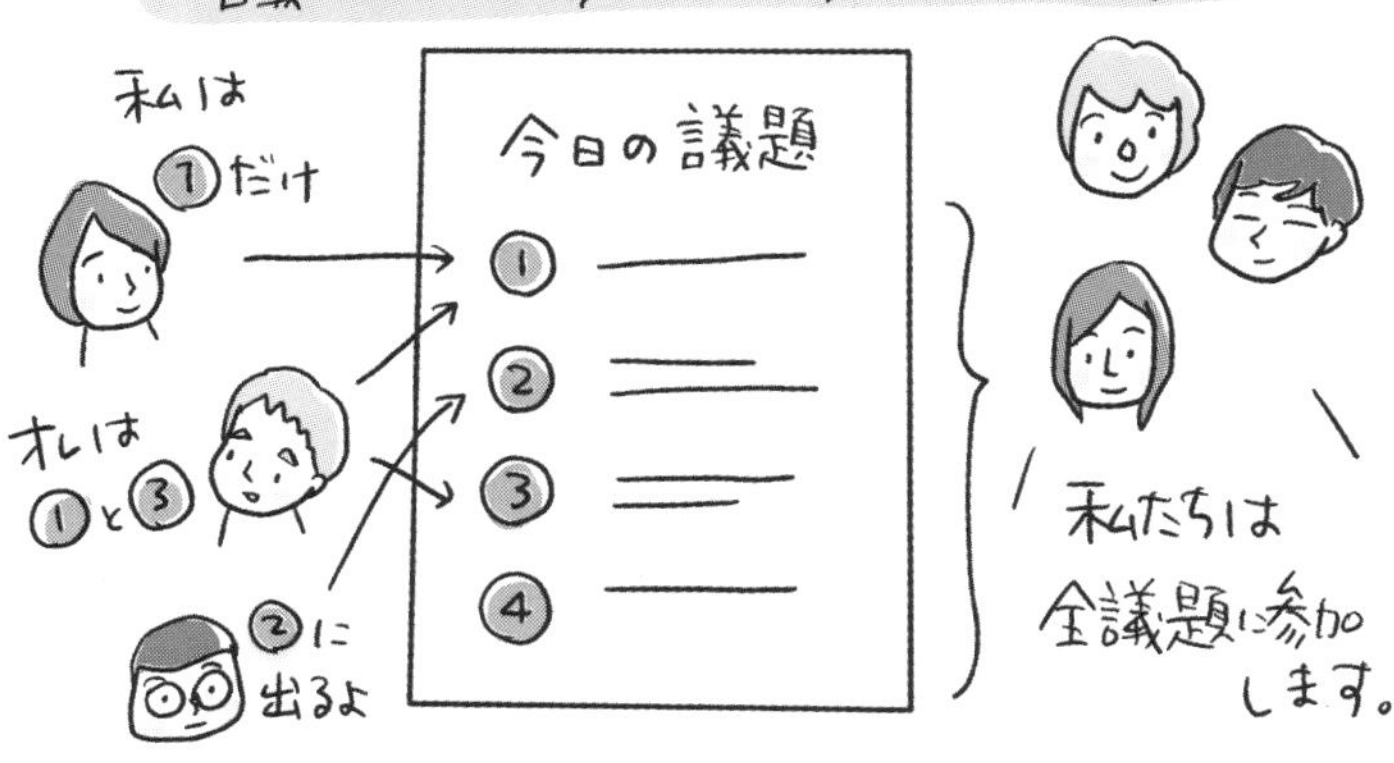

を集めること」にかかるコストも、かなり軽減されます。**必要なとき、必要な議題について、必要な人だけが集まって、フットワーク軽く会議を行う**ことが可能なのです。

ですから、**ひとつの会議に議題を盛り込みすぎない**ようにしましょう。

「いろいろなことを、みんなで話す会議」を延々と行うと、「私は、この議題にはあまり関係ないんだけどな……」と思う人も出てきて、散漫な時間になりかねません。

「個別の議題について、直接かかわるメンバーだけで話す会議」を、ピンポイントでいくつか開くほうが、オンラインの場合はずっと効率的です。

BASIC 11

オンライン会議ツールを選ぶときの考え方

オンライン会議のためのツールには、いろいろなものがあります。

「会社から、特定のツールを使うように指定されている」というケースも多いようですが、特に決められていなかったり、あるいはご自分がフリーランスだったりで、「どれを選べばいいのかわからない」と悩んでいらっしゃる方もいるでしょう。

本書は、各社のオンライン会議ツールを比較・検討する本ではなく、基本的に、**どんなツールを使ってもオンライン会議をうまく行えるような方法**をお伝えする本です。

それでも、「**ツールを選ぶとき、どういうことを考えればよいか**」について、チェックするべきポイントを示しておきたいと思います。

❶有料か無料か

ツールによっては、無料のバージョンと有料のバージョンがあり、機能が違っていたりします。オンライン会議にかけられる予算と有料にしたときのメリット、無料のままのデメリットをはかりにかけて検討しましょう。

❷何人参加できるか

会議に参加する可能性のあるメンバーの人数を考え、その人数で使えるツールかどうかを確かめましょう。無料バージョンでは人数に制限がかかるツールもあるので、注意が必要です。

❸ホストの権限

オンライン会議ツールには、同じ立場のメンバーどうしが集まる形を取るものと、会議の**ホスト**（主催者）になる人が設けた場にほかのメンバーが「入室」するものがあります。特に後者の場合、ホストが**メンバーの招待**や**レコーディング**（録画）などの権限をもつことになるので、「運営側」と「参加者」がはっきり分かれているような集まりには向いているといえます。

❹アカウントが必要か

会議の参加者全員が、事前に**アカウント登録**をしていなければ使えないようなツールもあれば、会議のホストから送られた**招待メールのリンク**に飛べば、それだけで会議に参加できるツールもあります。

❺必要な機能を備えているか

会議自体を**レコーディング**して、あとで見直す可能性がある場合は、そのような機能を備えたツールを選びましょう。また、会議中に短いテキストをやり取りしたい場合は、**チャット機能**の有無もチェックしてください。

❻セキュリティはどうか

会議では機密情報を扱うことも多いため、オンライン会議ツールのセキュリティ（安全性）は、大きな問題になります。これについては、次のBASIC 12

で、もう少しくわしく見てみましょう。

❼音声・映像は問題ないか

実際に使ってみないと、使い勝手はわからないものです。ここまでの各項目をチェックしたのち、「これならよさそうだ」と思うツールがしぼり込まれてきたら、ぜひ一度、**何人かのメンバーで音声・映像チェック**をしてみてください。

オンライン会議ツールは、今まさに技術の開発や改善が進んでいます。「Zoom（ズーム）」や「Skype（スカイプ）」や「Google Meet（グーグルミート）」など、有名なオンライン会議ツールはいくつもありますが、それぞれの特性が変化したり、新しい強力なツールが現れたりもするでしょう。

読者のみなさんには、有名なツールや気になるツールについて、これらのポイントをチェックして、ご自分に合ったものを選んでいただきたいと思います。

BASIC 12

セキュリティについての考え方

オンライン会議では、**リアル会議とはまた違ったセキュリティリスク**が考えられます。

ひとつには、**第三者が会議に不正アクセスする危険性**です。

オンライン会議の音声が盗み聞きされたり、映像が盗み見られたりして、機密情報が漏れてしまうことがありえます。オンライン会議の場で共有したファイルが、侵入してきた部外者によってダウンロードされるような事態も、ないとはいえません。

もうひとつは、**それぞれのメンバーが会議に参加している場で、情報が漏れる危険性**です。

シェアオフィスやカフェなどからオンライン会議に参加しなければならない場合、会話が盗み聞きされたり、画面を見られたりする可能性は、否定できません。

自宅なら安全かというと、たとえば集合住宅の一室なら、隣の部屋に声が聞こえてしまうこともあるでしょう。

第三者の不正アクセスに関しては、ひとつの会議ごとに**セキュリティコード**（パスワード）を設けたり、端末ごとのIPアドレスなどによって**参加者を限定**したりして、対策を行っているオンライン会議ツールもあります。ツールを選ぶ際は、そのようなセキュリティの面もしっかりチェックしましょう。

しかし、そういったツール面での機能では、メンバーからの情報漏洩（ろうえい）を完全に防ぐことはできません。

そもそも、複数の人間が参加する「会議」について、情報漏洩をなくすことは至難（しなん）の業です。

特に、インターネットを介していくつもの場所をつなぐオンライン会議では、**「セキュリティリスクを完全にゼロにすること」はできない**と考えたほうがよいでしょう。

ですから重要なのは、オンライン会議を行う会社やチームで、自分たちの**情報**

セキュリティポリシーを決めることです。

情報セキュリティポリシーとは、**「情報の安全性・防犯についてどのように考えるか」という、基本的な方針をまとめたもの**です。

組織やプロジェクトごとに、活動の目的や扱う情報の機密性が違うため、情報セキュリティポリシーも違ってきます。

「このプロジェクトで扱う情報は、一般顧客の個人情報を含んでいるから、外部に漏れることがないように、コストがかかっても最大級の対策をしなければならない」という場合もあるでしょうし、「われわれが普段扱う情報は、たとえ第三者に知られたところで問題ないから、あまりコストをかけず、フットワークを軽くして活動しよう」という場合もあるでしょう。

自分たちのチームについて、次のようなことを明確にして、情報セキュリティポリシーを決めてください。

❶ 何の情報を機密にしなければならないのか

❷ **なぜ**機密にしなければならないのか
❸ **どの程度まで**漏洩のリスクを下げなければならないのか
❹ そのためにチーム全体やメンバーが**どのような行動を取るか**

自分たちのポリシーをしっかりと立てれば、**オンライン会議ツールのセキュリティ対策を評価する際の判断基準**になります。チームの情報セキュリティポリシーに最も合うツールを選べばよいわけです。

また、万が一、情報の漏洩が起こったときにも、**責任の所在を明らかにしつつ、いち早く対処する**ことができます。

BASIC 13

誰がオンライン会議のホストになるか

オンライン会議のツールによっては、「誰が会議の**ホスト**になるのか」を考える必要が出てくることがあります。これは、「誰が会議の**司会者**（BASIC 06参照）になるのか」とは、別の問題です。

ホストとは、**オンライン会議の場を開き、そこに参加メンバーを招待する役割**を担（にな）う人です。

この仕事を行うにあたって、一番気をつけなければならないのは、**参加方法やオンライン会議のアドレスなどが、メンバーに確実に届くようにする**ことです。オンライン会議の設定をすませ、メンバーに周知し、全員が確実に参加できるようにケアしなければいけません。

必要に応じて**テクニカルサポーター**（BASIC 29 参照）に助けてもらうこともできますので、不安に思うことはありませんが、重要な役割だといえます。

ホストの作業は、オンライン会議を開くたびに必要になる作業ですから、会議の招待状の**フォーマット**などを決めておいて、できるだけ簡単に会議が開催できるように**マニュアル化**しておくとよいでしょう。そうすれば、誰でもホストの役割を担当することができるようになります。

オンライン会議で いつも気をつけたいポイント

01 □ 通信環境をよくすることが何よりも大事。

02 □ 「場の雰囲気」は感じ取りにくいということを意識する。

03 □ 「伝えにくく、受け取りにくい」ことを前提にする。

04 □ 「ルール」と「マナー」が重要になる。

05 □ 「通信関係のトラブルは、いつでも気軽に報告してＯＫ」ということをルールに設定する。

06 □ 司会者、記録係、タイムキーパー、アシスタント、テクニカルサポーターといった役割分担をする。

07 □ 「チームラーニング」を行い、お互いの状況を理解する。

08 □ 目的や参加者に応じて、カメラのオンとオフを使い分ける。

09 □ 休憩も含めて、時間をはっきりと決めておく。

10 □ ひとつのオンライン会議に、議題を盛り込みすぎない。

11 □ オンライン会議ツールは、「有料か無料か」「何人参加できるか」「ホストの権限」「アカウントが必要か」「必要な機能を備えているか」「セキュリティ」「音声・映像は問題ないか」の７つのポイントから選ぶ。

12 □ チームの情報セキュリティポリシーを決める。

13 □ 誰でもホストになれるよう、ホストの役割をマニュアル化しておく。

第2章 オンライン会議の「全体デザイン」を考える

オンライン会議を実り多いものにするためには、「準備」が大切です。特に、「どのような会議にするか」について、よく考えて設計しておく必要があります。よく練られた「全体デザイン」を作ることが、会議の成功につながります。

BASIC 14

そもそも、その会議はやるべきか？

この章では、おもに運営側の立場から、**オンライン会議全体を、どうデザインするか**を見ていきます。

「私は運営側じゃないから、ここは関係ないな」と思った方もいらっしゃるかもしれませんが、ちょっと待ってください。

今はいち参加者の立場でも、そのうちあなたも、会議の運営側に回る機会がやってくるかもしれません。

それに、運営側の視点を知ることは、参加メンバーにとっても、会議の時間を有意義なものにすることにつながります。

しばらくの間、「オンライン会議は、どんな準備の上に成立しているのか」という舞台裏を、楽しみながら読み進めていただきたいと思います。

オンライン会議の具体的な準備を始めようと思ったとき、最初に考えるべきことは何でしょうか？

それは、「**そもそも、その会議はやるべきか？**」です。

オンライン会議は気軽に行えるメリットがありますが、だからこそ、「本当に会議を開催（かいさい）する必要があるのか？」と考えてみてください。

これからの時代、テレワークの割合が大きくなると、チームのメンバーどうしの接点は少なくなります。

そんな中、オンライン会議は、**大切なコミュニケーションの時間**としての意義をもってくるはずです。

「普通ならこのタイミングで会議を開くところだけど、リアル会議はできないから、オンラインでやるか」といったレベルで考えるのではなく、「ひとつひとつの会議を、より有意義なものにしよう」と考えて取り組みましょう。

もし、これまで惰性（だせい）的に会議が行われてきたようでしたら、「本当に必要なコミュニケーションの時間は何か」という視点で見直してみてください。

会議は、それを行う**タイミング**の観点から、**3つのパターン**に分類することができます。

オンラインの環境下で、どんなコミュニケーションが必要なのかを考えて、「その会議は必要か？」を判断していただければと思います。

❶定例会議

毎日の朝礼、週に1回の会議、月に1回の月例会、四半期・半期・年度ごとの定例会などです。組織の状態やプロジェクトの進行などを確認できて、ミスやトラブルの防止に役立ちます。

「定期的に開くこと」自体に意義がある会議だといえますが、チームや仕事の性質によっては、「毎日やる必要はないな」とか、「1か月に1回だと少なすぎる」といったこともあるでしょうから、開催の頻度はよく検討して決めましょう。

❷プロジェクトミーティング

プロジェクトの立ち上げ・進行、トラブルへの対処など、日常的なルーティン業務以外の、何らかの目的をもった業務や案件に合わせて、不定期で開く会議です。

プロジェクトの進捗（しんちょく）状況によっては、次の定例会議の議題にするか、メールやチャットで連絡するかで十分かもしれません。

❸ プチミーティング

みんなでオフィスに集まって仕事をしているときには、「ちょっといい？」のひと言から、小さな打ち合わせが始まることがあります。日常的に、最も頻繁に行われている話し合いだといえるでしょう。

これも、お互いの時間を無駄にしないように、「何のために話をしたいのか」を考えてみてください。

BASIC 15

会議の全体デザインは「5W1H」から考える

「やっぱりこの会議はやるべきだ」となったら、「どんな会議にすればよいのか」を、いろいろな角度から明確にしていきましょう。

オンライン会議の**全体デザイン**の設計に、とても役立つフレームワークが、5W1Hです。

次のような6つの問いに答えていけば、「どんな要素を考えるべきなのか」を、漏れなく押さえることができます。

❶ **Why（なぜ）** 会議の目的（会議が必要になった背景も）⬇ BASIC 16
❷ **What（何を）** 会議で決めるべきこと ⬇ BASIC 17
❸ **Who（誰が）** 会議のメンバー ⬇ BASIC 18
❹ **When（いつ）** 会議を開く日時 ⬇ BASIC 19

⑤ Where（どこで） 会議を開く場所

⑥ How（どのように） 会議を進める方法 ⬇ BASIC 20 〜 24

5W1Hの「順番」については、**状況に応じて優先順位の高いものから**考えていけばよいと思います。

会議の運営側に回る方は、**これらについて事前によく考え、メンバーと共有**しておきましょう。また、ひとりひとりの参加メンバーも、これらの点を意識して、運営側とコンセンサスを取ってください。

ここでは⑤の「どこで」だけ、先にすませておきましょう。オンライン会議の場合、会議を開く場所に相当するのは、「**オンライン会議ツール**のうち、どれを使うか」です。これについては、すでにBASIC 11でお話ししてありますから、そちらを参照してください。

では、ほかの「W」と「H」を、ひとつひとつ見ていくことにします。

BASIC 16

会議の目的・背景を考える

会議の全体デザインを行うとき、まずはっきりさせる必要があるのは、「**なぜこの会議を行うのか**」です。

これは、「何のための会議なのか」ということと同じであり、**会議の目的**を意味します。

また、**会議が必要になった背景**も、「なぜ」への答えになります。

「どういう背景があって、何のために行う会議なのか」

これがはっきりしなければ、「どんな会議にすればよいのか」という方針は、立てようがありません。

しかし、残念なことに実際は、ここがあいまいなままで「何となく」開かれる会議も多く見られます。

定例会議であったとしても、「なぜこの会議を行うのか」と考えることは大事です。

「週に一度開くと決められているから」だけではない、積極的な理由を見つけられれば、会議がより有意義になります。

たとえば、定例の営業会議は「進捗の共有をしたい」というのが大きな目的のひとつですが、単純に情報を共有するだけなら、メールなどですむことかもしれません。

そこで、「わざわざオンライン会議を開くのはなぜか？」という視点を入れて考えてみるのです。

すると、会議の背景や目的について、「市場に微妙な変化が起こりつつあり、そのことについて意見を交換する必要がある」とか、「進捗情報を共有した上で、今後の方針を決めたい」といったことが、明確に見えてくるでしょう。

BASIC 17

会議の「ゴール」を決める

どのような背景があって、何の目的で開く会議なのかという「Why（なぜ）」がはっきりしたら、今度は「What（何を）」を決めましょう。その会議で「何を」決めるのか、**会議のアウトプットを明確にする**のです。

このときの考え方には、ポイントがふたつあります。

ひとつ目のポイントは、「何をアウトプットすれば、会議が終わるのか」と考えること。つまり、**その会議の「ゴール設定」**として考えることです。

「Why（なぜ）」への答えとして、会議の目的と背景を確認した時点で、出発点とだいたいの方向は見えているはずですが、「どこがゴールなのか」がわからなければ、会議は散漫になります。「今回はここまで決めればＯＫ」と、ラインをはっきりさせる必要があります。

ふたつ目のポイントは、**具体的なゴールを定める**ことです。

漠然(ばくぜん)としていては、「ゴールに着いたのかどうか」もわからずに、何となく話を続けて時間だけがすぎていく、といった事態になりかねません。ゴールをどこまで具体的にできるかが、会議の充実度を左右するのです。

たとえば、会議で話し合うべきテーマが、「新デザイン商品の開発」だったとしましょう。

このとき、「アイデアをたくさん出すこと」が必要な段階ならば、会議のゴールは「30個のアイデアリストを作ること」などになります。

「プランを決定して、すぐに実行できるようにすること」が必要な段階ならば、会議のゴールは「スケジュールと実施内容、担当者を決めること」などです。

具体的なゴールが定まることで、会議に対するメンバーの集中力も上がり、進行もしやすくなるのです。

BASIC 18

会議に参加するメンバーを決める

会議のデザインでは、メンバー決めも大事です。

漠然と「関係者全員出席」となることも多いかもしれませんが、それだと「私はいなくてもよかったんじゃないかな」と思う人が出てきたり、「無駄な会議ばかりに時間を取られて、仕事が進まない」といった不満が生まれたりしかねません。

特にオンラインでは、参加メンバーが多くなるほど、全体の把握が難しくなり、議論がしづらくなります。

また、参加メンバーが増える分だけ、通信トラブルなどのリスクも高まります。

「関係者全員出席」自体に意義がある会議もあるでしょうが、そうでない場合は、**必要最低限のメンバーだけを招集する**ようにしましょう。

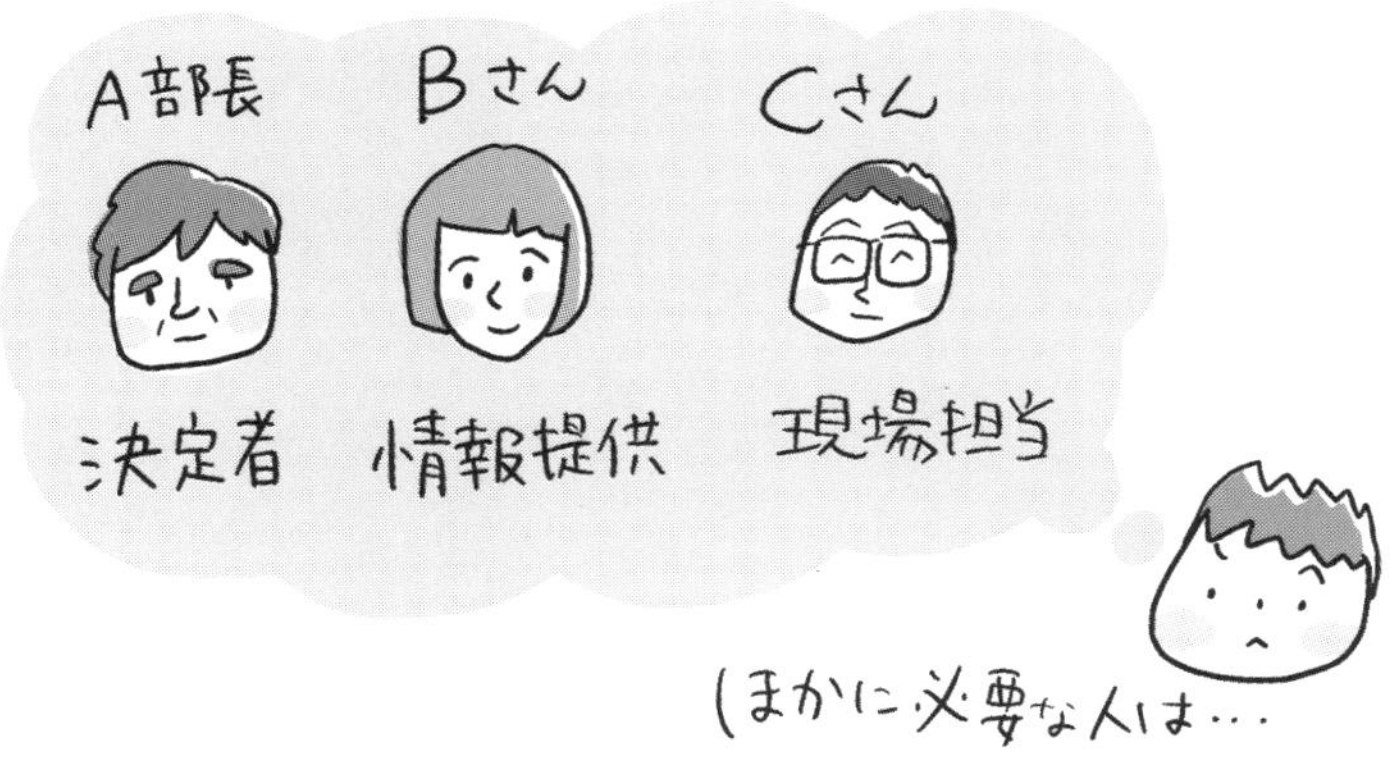

その会議で決めるべき特定のテーマについて、情報と裁量をもった人たち数人でオンライン会議を行い、ほかのメンバーには後日、メールなどで情報を共有してもらえば大丈夫、ということも多いはずです。

また、運営側が個々のメンバーに参加を求めるときには、**理由を添えて依頼する**ことをおススメします。**なぜその会議に参加してもらいたいのか、どんなことをそのメンバーに期待しているのか**を、きちんと言葉にして伝えるのです。

このような配慮があれば、メンバーも「私はどうしてこの会議に参加させられているんだろう」と悩むことなく、会議に主体的に参加できるようになります。

BASIC 19

会議の時間を設定する

オンライン会議の場合、会議を開くために「場所を押さえる」必要はありません。ですから基本的に、メンバーを集めるためには、適切な時間を決めればよいことになります。

ただし、会議の5W1Hを決めるとき、**時間の優先順位は、ケースバイケースで変わります。**

「参加するメンバーを決めてから、そのメンバーが合わせられる日時を設定する」というパターンもありますが、定例会議などでは、何よりも日時を先に決めて、ほかのスケジュールを調整し、議題を用意するような順序になります。また、差し迫った問題に対処しなければならず、ほかのスケジュールを押しのけてでも、臨時会議のためにまずは時間を確保する、といったこともあります。

「5W1Hの中で、時間を何番目に決めるか」は、会議の性質に合わせて判断してください。

時間を設定するときは、開始時刻を決めるのはもちろんのこと、**終了時刻もはっきりと決めておきましょう。**「だいたい2時間もあれば決まるだろう」などと漠然と時間を設定するよりも、「14時30分には、これとこれを決めて会議を終える」というふうに終わりを意識したほうが、会議への集中力が高まります。

また、第1章のBASIC 09でもふれましたが、1時間以上の会議を行う場合は、**休憩時間も予定に組み込む**ようにするとよいと思います。

意外と重要なのが、**時間帯**です。参加者の集中力やひらめきなどが変わってきます。

一般には、**問題解決や情報共有のための会議**は、**午前中**に行うのがよいとされます。**午後の会議は自由なアイデア出しなど**に向いているといわれますが、ちょっと眠くなる昼食後や、疲れが出る終業間際（まぎわ）は避けたほうがよいでしょう。

BASIC
20

4つのタイプから「会議形式」を選ぶ

ここまで、オンライン会議の全体デザインにかかわる5W1Hのうち、4つの「W」を見てきました。残るは「How（どのように）」です。

これは**会議をどのように進めるか**、つまり**方法**の話なので、たくさんの要素を含みますが、全体デザインとしてはまず、「**会議の4つの形式**を知り、適したものを選ぶ」という考え方を紹介しましょう。

会議の進め方を検討するとき、私は出発点として、次のような4つの形式のうち、どれに当てはまるかを考えます。「**決める／決めない**」という軸と、「**トップダウン／ディスカッション**」という軸を組み合わせて作った4タイプです。

Ⓐ選択集中型

「決める」と「トップダウン」の組み合わせで、「**今、ここで決めちゃいましょ**

う！」という会議です。例としては、予算会議や役員会議があります。**何かを決めなければならないとき**に、この形式の会議を行います。

この会議に必要なのは、**決定者と選択のための情報**です。「誰が決めるか」を明確にし、その人（たち）が判断できるように材料を集め、その中で議論します。

Ⓑ 発散集約型

「決める」と「ディスカッション」の組み合わせで、「**みんなで考えて決めてみようか？**」という会議です。

意見やアイデアを出し合った上で、最終的には「どうするか」を決定したいとき、この形式の会議を行います。問題解決や企画立案など、さまざまな目的に適用できます。

あまり人数が多いとまとまりにくくなるため、このタイプの会議は、少人数のほうが向いているかもしれません。また、**発言しやすい雰囲気作り**が大事ですが、オンラインではみんなで相づちを打ったりするとうるさくなりかねませんので、**司会者**が聞き手を代表して、よい反応を発言者に返していきましょう。

Ⓒ 発散共有型

「決めない」と「ディスカッション」の組み合わせで、「**みんなどんなこと考えてるの？**」という会議です。

メンバーのもっている情報や考えを、できるだけ多く出し合いたいときは、この形式の会議を行うとよいでしょう。**暗黙知**（あんもくち）を**共有知**（きょうゆうち）に変えることで、新しいアイデアを手に入れたり、チームの状態を向上させたりするための会議だといえます。

典型的な例は、ほかのメンバーの発言を否定せずにどんどんアイデアを言い合うブレインストーミングです。ここでも、発言しやすい雰囲気が大事になります。

Ⓓ 情報周知型

「決めない」と「トップダウン」の組み合わせで、「**みなさんにお知らせです！**」という会議です。

決まったことや連絡事項を周知したいときは、この形式の会議になります。

基本的に、情報をもっている人からの一方通行の発信になりますので、配布書

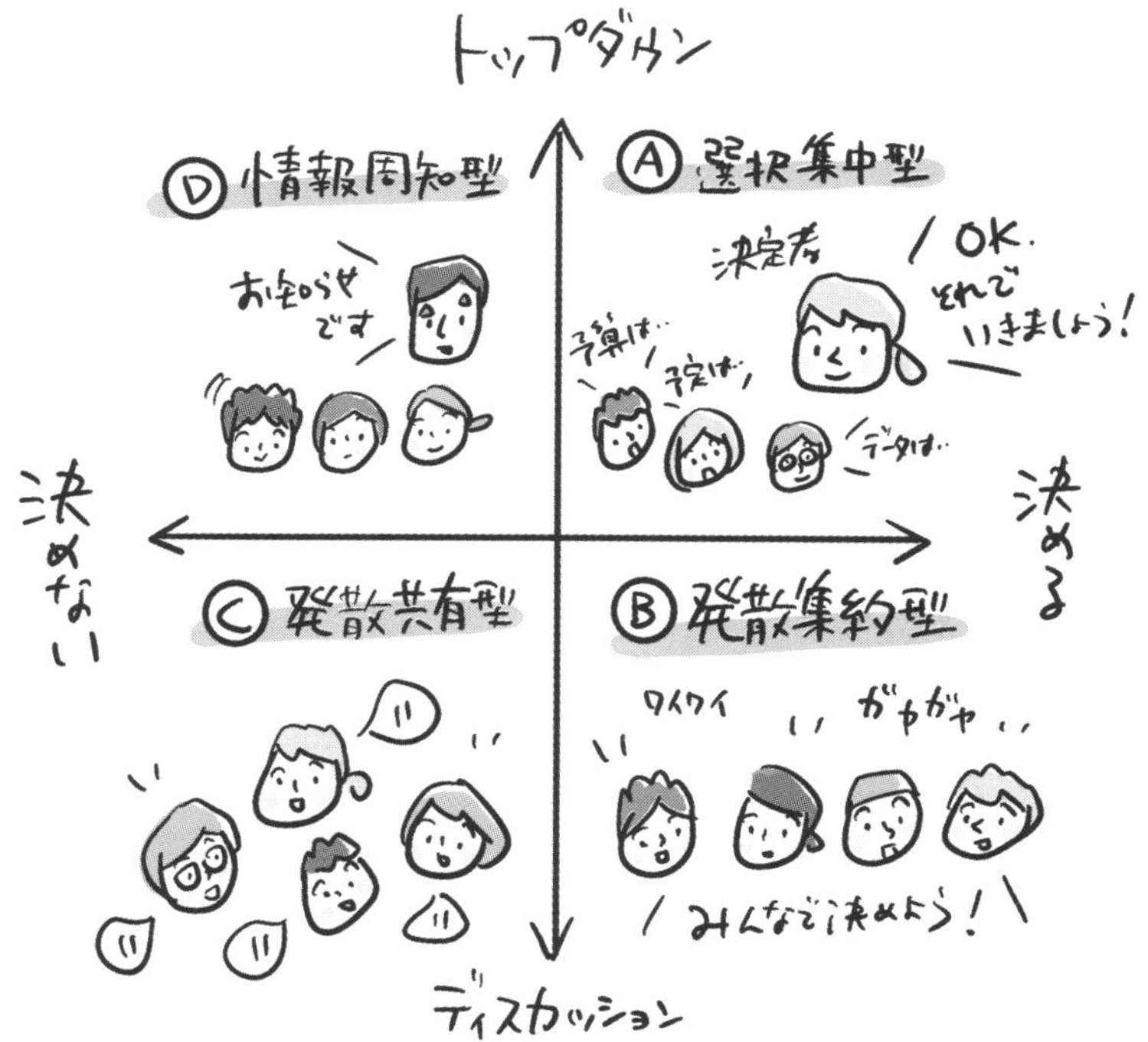

類や説明用スライドなど、**資料の準備**が必要になります。

ただし、「周知して終わり」ではない情報もたくさんあります。受け取った情報をもとに、各メンバーが行動を起こす必要がある場合も多いと思います。ですから情報周知型の会議では、「**全員が情報を理解したか**」や、「**次にやるべきことは何か**」を確認する時間も取るとよいでしょう。

BASIC 21

「どう決めるか」を決める

BASIC 20で「決める」タイプの会議と「決めない」タイプの会議を見ましたが、「決める」会議の場合、**どう決めるか**が決まっていないと、話し合いが脱線したり、まとめ方に悩んだりすることになります。

「どう決めるか」も、会議の全体デザインの「How（どのように）」として、最初から考えておくべきポイントです。

ここでは、「どう決めるか」のおもなパターンを、いくつか紹介します。

❶ リーダーが決断

実際は、このパターンが一番多いかもしれません。プロジェクトの責任者であるリーダーが、会議での議論を踏まえ、最終的に「責任は私が取る!」という態度で決定を下します。

しかしこの場合、「結局リーダーが決めるなら、何のために議論したんだろう」とか、「本当は最初から、どうしたいか勝手に決めていたんじゃないの?」といったモヤモヤを抱えるメンバーも出てくるかもしれません。

そのような不満が生じないようにするために、リーダー側がやるべきなのは、何といっても日ごろから信頼関係を築いておくことですが、会議の際に重要なのは、**あらかじめ「最終的な決断はリーダーが行う」とメンバーに伝えておく**ことです。

その上で、「会議での議論が、リーダーの決断にどのような影響を与えるのか」についても話しておけば、メンバーも会議の意義を理解してくれるでしょう。最終的な決断も、受け入れられやすくなります。

また、会議の**司会者**になる人は、「決定権をもつリーダーは誰か」「リーダーは、どんな基準で決断するのか」を、事前に確認しておきましょう。

❷ 多数決

ものごとの決め方として、真っ先にこの方法を思い浮かべる人も多いのではないでしょうか。
とにかく、最終的にメンバーひとりひとりの意見を聞いて、「多いほう」に決めるわけですから、基準ははっきりしています。また、多数決を「民主主義」的な方法の代表格だと考えている人も少なくありません。

しかし、気楽にこの方法を選ぶことには、リスクもあります。

「多いほうに決める」というのは、「少数派の意見を採用しない」こととイコールであり、結果に納得できない人も出てくるかもしれません。「集められたメンバーが偏っていた」と思われないように、メンバー招集には神経を使わなければなりませんし、多数決で決めることや、「決を採ったら恨みっこなし」ということについて、**事前に合意を取っておく**ほうがよいでしょう。

多数決には、「この会議の間に、自分の意見をどれかに決めるように」と、メンバー全員に強制するような側面もあります。各メンバーが「私はこの意見」と自信をもって言えるように、決を採る前にそれぞれの意見のメリット・デメリットを整理して、**選べる状態**を作っておかなければなりません。

また多数決では、立場や責任の大きさにかかわりなく、一票の重みがみんな同じになります。完全に平等な組織なら問題ないでしょうが、チームの実態とギャップがあると、それが不平の種になりかねません。多数決で決めるのであれば、**根回しも含めた念入りな準備**が必要になります。

❸はっきりした基準で評価

「この人が決める」でもなく、「多いほうに決める」でもない場合、どんな決め方があるでしょうか。

有効なのは、メンバーみんなで**「はっきりわかる判断の基準」を共有**することです。特にビジネスでは、**効果**（どんな成果が生まれるか）と**実現性**（実現しやすいか）のふたつの指標を採用すると、選択肢の評価がわかりやすく、メンバーの合意も取りやすくなります。

たとえば、各選択肢の効果と実現性それぞれについて、高評価なら2票、中程度の評価なら1票、低評価なら0票などと決めて、全員で投票します。多数決ではなく、投票結果を見て、全体でまた議論します。その上で、「効果が大きく、実現性の高い選択肢」がはっきりしたら、それに決定すればよいのです。

BASIC 22

6段階のプロセスを全体デザインに組み込む

会議には、議題が複数あることも少なくありません。そして、それぞれの議題について話を進めるとき、**何段階ものプロセス**が存在します。

そのプロセスを意識して事前に考えておくことも、オンライン会議の全体デザインにおける「How（どのように）」の観点として重要です。

❶ **伝える**（情報共有／指示）
❷ **各自で考える**
❸ **引き出す**（各自が意見表明し、議論する）
❹ **まとめる**（引き出された意見を整理する）
❺ **決める**（議題に関して意思決定する）
❻ **共有する**（決定事項を確認・周知する）

この❶〜❻は実際は、会議によって比重が違ってきます。BASIC 20で挙げた会議の4つの形式でも、Ⓒの**発散共有型**の会議には❺「決める」のプロセスがありませんし、Ⓓの**情報周知型**はほぼ❶「伝える」に特化しています。

しかし、「どのプロセスが重視されるか」「どのプロセスが省かれるか」も含めて、**このような流れを意識し、議題ごとにデザインする**ことは大切です。

中でも❶と❷のプロセスは、多くの場合、会議前にすませておくことができます。

❶で共有するべき情報の量が多かったり、❷で各自にじっくり時間を取って考えてもらいたかったりする議題については、できるだけ早い時期に、メンバーに資料を送るなどして情報共有をすませ、「会議までの間に、自分の意見をある程度まとめておいてください」と伝えましょう。そして会議当日は、最低限の確認をした上で、❸からスタートするのです。

また、オンライン会議の全体の時間の中で、**「どの議題に何分使えるか」を概算し、各議題の進行をイメージしておく**と、当日の流れがスムーズになります。

BASIC 23

「伝える」と「引き出す」の違いにご注意！

BASIC 22 で見た6段階のプロセスについて、注意しなければならないことがあります。それは、**「伝える」ことと「引き出す」ことの区別**です。

BASIC 20 の4つの会議形式のうち、**D** の**情報周知型**は「伝える」ための会議であり、**C** の**発散共有型**は「引き出す」ための会議ですが、多くの議題に関しては、情報共有や指示の段階と、意見表明・議論の段階が共存します。

情報共有から議論へ移行するときは、「どの時点から、各自が意見を述べて議論する段階に入るのか」が、明確にわかるようにしたいものです。そうでなければ、メンバーは「今は何の時間なんだろう？」とか「意見を言っていいのかな？」といった具合にとまどってしまいます。

また、ときどき見られるのが、「伝える」べきことと「引き出す」べきことを混同している会議です。

たとえば、みんなの意見を「引き出す」ための議論の時間は取っているけれど、じつはリーダー自身が「これを言わせたい」という「答え」のようなものをもっている、といった場合があります。

このようなリーダーの「答え」が透けて見える会議では、メンバーも「どうせ最後はリーダーの望む意見が採用されるんでしょう?」「ほかの意見を言っても無駄」とやる気をなくすことになりかねません。

リーダーの「答え」や「意見」は理由とともに伝えた上で、具体的なやり方や、その「答え」に対するメンバーの意見は「引き出す」、といったふうに、「伝える」ことと「引き出す」ことのけじめはつけておかなければいけません。

まずは、会議の全体デザインの段階で、**各議題について、「伝える」べきことと「引き出す」べきことを整理**しておきましょう。場合によっては、事前配布資料などにその区別を明記し、メンバーに知らせておくのも有効です。

また、オンライン会議の当日も、会議の序盤でその区別について話し、確認するとよいでしょう（BASIC 55参照）。

BASIC 24

オンラインで重要になる「自己紹介」の設計

さて、オンライン会議の全体デザインに関連してもうひとつ、事前に考えておきたいことがあります。

それは、**自己紹介**です。初対面のメンバーが同席する会議の場合、**「どんな自己紹介を行うか」**を、**事前に考えておく**のです。

「自己紹介なんて些末(さまつ)なことでは？」と思う人もおられるかもしれませんが、じつはこれは、**オンライン会議にとっては本質的な問題**ともいえるのです。

どういう人なのかわからない人や、話したことのない人がいると、意見を言うにもためらいが生じたりして、会議がギクシャクしてしまいます。

そんな事態を防ぐために行われるのが、**名刺交換**です。リアル会議の場合、メンバーどうしが名刺を交換して、とりあえずファースト・コンタクトを取ること

バーチャル背景　Show & Tell　紹介スライド

いろんなツールを使ってみましょう♪

ができます。

しかし、オンライン会議では、名刺交換をリアル会議と同じように行うことは難しいのが実情です。だからこそ、**全体の進行の中に、自己紹介を組み込む**ということを、運営側が意識する必要があります。

自己紹介にも、いろいろなやり方があります。

人数が多い場合は、全員がしゃべりたいことをしゃべると、それだけでかなり時間を取られます。たとえば、「各自に**簡単な自己紹介用**スライドを1枚用意してもらって、当日はそれを画面共有しながら、ひとり30秒で回していく」といった方法はどうでしょうか。スライドは、パワーポイントで**簡単なフォーマット**を作って、事前に支給してもよいかもしれません。

自分を表現するモノを各自ひとつずつ用意して、それを見せながら自己紹介するという方法（**Show & Tell**）もあります。名刺という「残るモノ」を受け渡しできない分、具体的なモノを提示して、お互いの印象に残すのです。

たとえば営業担当者であれば、**自社の新商品**を出して、「私のお見せしたいモノはこれです。私の勤める株式会社△△が、この9月に発売した○○です。現在、この商品に力を入れています。よろしくお願いします」といったあいさつをするわけです。

オンライン会議用ツールによっては、会議中にモニターに表示される各自の**アカウント表示名**を、簡単に変更できるものがあります。

これを利用して、全員の表示名を（一時的に）変え、「**名前 ＋ 自己紹介として伝えたい情報**」の形に統一してもらうと、自己紹介の補助になります。

たとえば、いろいろな企業から人が集まるオンライン会議の場合、会議の冒頭で司会者が、「みなさん、お手数ですがこの会議中は、**表示名を『名前（社名）』の形にしてください**」と呼びかけるのです。

また、**バーチャル背景**（BASIC 41参照）の機能を利用して、社名と肩書を名刺代わりに背景に入れてもらうことも可能です。

どんな方法で自己紹介を回すにせよ、**事前に「こうやりますよ」「これを用意しておいてください」とメンバーに伝達**しておけば、当日の進行がスムーズになります。

もちろん、「あえて、その場でやり方を伝える」という手法もありますが、いずれにせよ自己紹介についても、効果的な方法を考えておきましょう。

ちなみに、初対面ではなく知っている人どうしのオンライン会議で、自己紹介が不要な場合も、運営側が最初から一方的に進めるのではなく、**全員にひと言ずつ近況などをしゃべってもらってから会議を始める**ほうが、余計な緊張がほぐれて、会議の質が高まります。

「全体デザイン」を考えるためのポイント

14 □ 会議のタイミングの観点から、「そのオンライン会議は本当に必要か？」を検討する。
15 □ 会議の全体デザインは、「５Ｗ１Ｈ」を軸に考える。
16 □ 「どういう背景があって、何のために行う会議なのか」を考える。
17 □ オンライン会議の「ゴール」を、具体的に設定する。
18 □ オンライン会議に参加する「必要最低限のメンバー」を決める。
19 □ オンライン会議の時間を、終了時刻も含めて設定する。
20 □ 「選択集中型」「発散集約型」「発散共有型」「情報周知型」という４つの形式のうち、どれに当てはまるかを考える。
21 □ 最終的に「どう決めるか」を考える。
22 □ 「伝える→各自で考える→引き出す→まとめる→決める→共有する」という６段階のプロセスを意識して、各議題の進行をイメージする。
23 □ 「伝える」べきことと「引き出す」べきことの区別を確認する。
24 □ 自己紹介のやり方を考えておく。

オンライン会議は「準備」で差がつく

この章では、「オンライン会議当日」では間に合わない事前準備を、ひとつひとつ説明します。よい会議は、よい準備から生まれるものです。運営側も参加者側も、この章の項目をチェックしていけば、不安なく会議に臨むことができます。

BASIC 25

準備の不安がなくなる「事前共有リスト」

第2章でオンライン会議の全体デザインを練ったとき、「これは事前に、みんなで共有しておいたほうがいいな」と思う情報や資料などが、いくつも出てきたと思います。

具体的な準備に入る際、そういったことを**すべて書き出して、「事前共有リスト」を作成**しましょう。そのリストをひとつひとつチェックしてつぶしていけば、オンライン会議の準備を不安なく進めることができます。

会議の全体デザインにかかわる5W1H（BASIC 15参照）のうち、たとえば「When（会議を開く日時）」と「Where（どのツールを使うか）」は、必ず事前に共有しておかなければならない情報です。

また、「Why（なぜ）」に当たる**会議の目的**も、あらかじめメンバーに周知し

「事前共有リスト」の例

- □ 会議の目的・背景
- □ 会議のゴール
- □ 会議のメンバー
- □ 会議の日時
- □ どのツールを使うか
- □ どういう形式の会議を行うか
- □ 意思決定はどのような形で行うか
- □「伝達事項」と「議論すべきこと」
- □ 自己紹介の方法
- □ 事前配布資料

……

ておく必要があります。目的を共有しないまま会議を始めると、みんなの向きがそろわず、まとまりのない会議になってしまいます。

じつは、第2章で見てきた**運営側が事前に考えておくべき5W1H**などは、基本的には会議の前に共有しておく（少なくとも、共有を検討する）べき情報だといえます。

そのほか、事前に配布する資料（BASIC 27 参照）なども、リストに入れましょう。

BASIC
26

必要なデータを手配する

会議では、「それぞれが自由に考えてものを言えばよい」とは限りません。**建設的な議論のためには、議題にかかわる客観的なデータが必要**になります。ですから、**事前共有リスト**（BASIC 25参照）には、さまざまなデータが入ってくるはずです。ちょっと調べればすぐにわかる情報もあれば、準備しなければ出てこない情報もあるでしょう。

BASIC 25で作ったリストを、ひとつひとつチェックしてつぶしていく段階では、まず、**話し合いのために必要なデータをそろえます**。

データの収集は、運営側の担当者だけでも可能かもしれませんが、**メンバーで分担**することもできます。

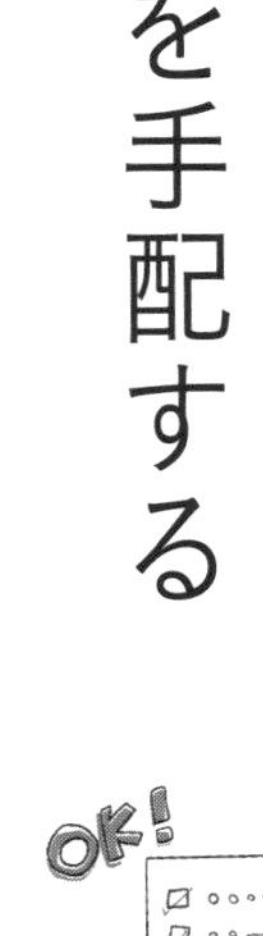

分担する場合は、メンバーに「このデータを調べてください」と頼み、「データがそろったらオンライン会議を開こうと思うのですが、どれくらいかかります

か?」と聞きましょう。

その際、データが思うように集まらないことがあります。

特にテレワーク環境下では、「それぞれのメンバーが自分の仕事はちゃんとやっていても、メンバー間でのコミュニケーションが十分でなく、情報が共有されていない」というケースが少なくありません。

そんな状況だと、「○○の件は、Aさんが担当じゃないの?」「でも××に関するデータだから、Bさんの仕事だと思っていた」といったすれ違いが起こりやすくなります。その結果、必要なデータがなかなか出てこないのです。

このような事態を避けるため、メンバーには普段から、**わかりやすい形で情報を整理・共有**してもらう必要があります。

これは、メンバーの心がけの問題でもありますが、**仕組みの問題**でもあります。

たとえば、クラウドの共有フォルダーを整理し、使い方を統一するなど、**明確な情報共有のシステム**を構築しましょう。それはビジネス全体の効率を上げることにつながります。

BASIC 27

会議進行をスムーズにする資料共有の仕方

会議に必要なデータが集まったら、BASIC 25の**事前共有リスト**にある情報や資料をすべて、メンバーと共有していきます。

メール本文への記載や**添付ファイル**、チームの**チャット**、**クラウド**の共有フォルダーなど、情報伝達・共有の手段はいろいろとあります。

外部メンバーがいる会議の場合、情報の共有は基本的に、メールと添付ファイルになるでしょう。同じ会社の同じチームなど、頻繁にやり取りをする仲間どうしの場合、メールだと多くなって散乱してしまうので、重要情報はクラウドにまとめるのがよいと思います。

いずれにせよ、**情報が無意味に散らばらないように**、**共有ルールを決めて徹底**してください。

オンライン会議当日に使用するレジュメや資料などは、**会議までの間にそれぞれのメンバーが目を通し、必要ならばプリントアウトしておくこともできるよう、早めに共有**しておきましょう。

特にレジュメなどは、「会議中、画面共有すればみんなで見られるし、その場で出せばいいいか」と思われるかもしれませんが、画面共有だけだと、「今、共有されてモニターに映っているページ」しか見られませんので、「ほかのページに書いてあったことを確認したい」と思ったメンバーが困ります。

「資料は、パソコンのモニター上で見るのではなく、プリントアウトして手もとに置いて、手書きの書き込みをしたい」というメンバーもいるでしょうから、やはり事前共有が望ましいです。

また、**それぞれの資料にははっきりわかる名前をつけ、ページ番号も入れておく**ことをおススメします。

そうすることで、たとえ当日のオンライン会議で画面共有をしなくても、「どの資料のどのあたりについて話しているか」を説明しやすくなるのです。

BASIC 28

メンバーに送っておくべき「参加マニュアル」

会議に使う資料の事前共有をすませたら、準備はほぼ完了……と思いたくなるかもしれませんが、そうではありません。オンライン会議だからこそ、準備したり考えたりしておかなければならないことがあるのです。

BASIC 01でも強調しましたが、オンライン会議を行うとき、最も重要になってくるのは、**参加者の通信環境**です。

メンバーひとりひとりが気をつけるべきことでもありますが（BASIC 33参照）、メンバーの中には、オンライン会議ツールなどに慣れておらず、「どんな準備が必要なのか」も見当がつかなくて困っている人もいるかもしれません。

運営側でも、「**全員が当日、無事に通信し、安心して会議を行えるように**」という観点から、気を配ってあげられるとよいでしょう。

「参加マニュアル」に入れる内容

- □ オンライン会議の日時・ツールなどの再確認。
- □ オンライン会議に使うツールの、利用の仕方がやさしくまとまっているウェブサイトのＵＲＬを載せ、「前日までに、このサイトを一読しておき、当日もこのサイトを参考にして会議に入ってください」と伝える。
- □ 通信環境なども含めて、不安がある場合、早めに運営側に相談するようにうながす。

特に、初めて一緒に会議をするメンバーがいる場合は、事前に「オンライン会議への参加の仕方」を確認したり、説明したりしておく必要があります。

とはいえ、最初から個別に連絡を取り、ひとりひとりに電話などで説明していくのは大変です。

「この人、大丈夫かな」と思う方には、本書をおススメしていただくのも有効ですが……ある程度、簡便にことを進めるには、上のような内容を入れた**参加マニュアル**となるようなメールを、事前に全体に送っておくとよいでしょう。

BASIC 29

いると心強い「テクニカルサポーター」

BASIC 28で述べたような**参加マニュアル**を送っておけば、多くのメンバーが事前に自分で解決してくれますし、「よくわからない」とか「やっぱり不安だ」という人は連絡してきてくれるので、問題が可視化されます。そうなれば、あとは個別に対応すればよいでしょう。

それでも、参加人数が多い場合などは、問い合わせや相談も多くなり、運営側も対応が大変になるかもしれません。

また、オンライン会議当日、運営側がメンバーとコミュニケーションを取りながら、同時に通信環境のサポートも行うのはハードです。会議に入れなかったメンバーと連絡を取って、技術のサポートを行う必要も出てくるかもしれませんし、運営側に通信問題が発生する可能性もあります。

BASIC 06でもふれましたが、慣れるまでの間は、通信面のトラブルに技術的に対応してくれる**テクニカルサポーター**を置くことも検討しましょう。

チームの中に技術面にくわしい人がいれば、その人にテクニカルサポーターになってもらって、連絡先を参加マニュアルに載せます。準備の段階で寄せられた技術面の相談や、当日の通信トラブルは、このテクニカルサポーターに対応してもらいましょう。

そういう人が**チーム内にいなければ**、**外部に探す**という選択肢もあります。**「通信面で困ったら、ここに連絡すれば助けてくれる」という相談先**を作っておいて、難しい問題はそちらに回すのです。

特に、オープンな形で規模の大きい会議や、重要なことを決める会議には、外部のテクニカルサポーターにも参加してもらうとよいと思います。

もちろん、「そこまでする必要はない」という判断もあるでしょう。オンライン会議の内容や、参加メンバーを考慮して検討してください。

「通信接続テスト」は時間的に余裕のある状態で

特に、初めてオンライン会議を行う場合や、それまでに使ったことのないオンライン会議ツールを使う場合、通信環境が変わった場合などには、必ずやっておいていただきたいことがあります。

それは、**余裕のある状態で、「通信接続テスト」を行う**ことです。

社外やチーム外の人、あるいは一般の人なども参加するオンライン会議では、**運営側に通信面のトラブルが起こると、その会議や組織自体の信頼度が落ちること**になります。

それを防ぐためには、通信がうまくいくかどうかテストし、うまくいかなかった場合は問題を解消しておく必要があります。

オンライン会議で使うツールに、**何人かでログインして、「映像が映り、音声**

が伝わるかどうか」をチェックしてください。

「余裕のある状態」とは、「**もしトラブルが起こっても、当日までの間に十分対処できるようなスケジュールで**」ということです。

テクニカルな面では、どんな問題が起こるかわかりません。「通信接続テストをやってみたら、トラブルが起きたが、何が問題なのかわからない」というケースも考えられます。問題の特定に時間がかかるかもしれませんし、問題を解消するために、何らかの機材を調達したり、**テクニカルサポーター**（BASIC 29参照）に来てもらったりする必要があるかもしれません。

たとえば、オンライン会議の前日の夜、初めて通信接続テストを行うと、何らかの問題があった場合、それに対処するのはオンライン会議当日になってしまうかもしれないのです。ギリギリであわただしくなるか、あるいは間に合わない可能性も出てきます。

通信接続テストは、**遅くともオンライン会議の2、3日前**にはやっておきましょう。

BASIC 31

重要な会議のための「予行演習」

通信接続テストと兼ねることもできますが、重要なオンライン会議をスムーズに進めたい場合は、事前に**予行演習**も行うとよいでしょう。

BASIC 30で説明した「通信接続テスト」は、「運営側として、安定したオンライン会議の場を、参加者たちに提供できるかどうか」の事前テストです。

それに対して「予行演習」とは、運営側、特に**司会者**が、**オンライン会議ツールにログインした状態で、当日の会議の流れを追うリハーサル**です。

議題ごとに、情報共有から意思決定・確認に至るプロセス（BASIC 22参照）を意識して、ざっとさらっていきましょう。予行演習をやっておくと、当日の安心感が違います。

このとき、通信接続テストレベルの「音声は聞こえるか」「映像は見えるか」

よりも一歩進んで、**「どう聞こえるか」「どう見えるのか」**まで確認できるとよいでしょう。

運営側の人が数人で予行演習を行えば、**お互いをチェックし合ったり、運営側でない参加者の視点から様子を見たりする**ことができます。

また、同じツールを使ったオンライン会議でも、パソコンから参加するのと、スマートフォンから参加するのと、タブレットから参加するのとで、見え方や聞こえ方、使い勝手が違います。

たとえば「Zoom」だと、アカウントをひとつもっていれば、パソコン、タブレット、スマートフォンなど複数の端末からログインできますので、**それぞれの端末での表示のされ方などを確認しておく**ことをおススメします。

いつものメンバーで行う通常のミーティングでは、予行演習は不要ですが、外部の人が参加する会議などの場合、やっておくと安心です。必要に応じて行ってください。

BASIC 32

オンラインと会議室が混在する場合は？

オンライン会議は、「全員が別々の場所にいて、ひとりずつオンラインで会議に参加する状態」ばかりとは限りません。

「別々の場所から、ひとりずつオンラインで参加するメンバー」と、「ひとつの会議室に集まったメンバーたち」が**混在するケース**も、実際のところ、かなりあるようです。

そのような場合、会議室サイドは、**セッティングに工夫が必要**になります。

会議室に、カメラ、マイク、スピーカーの一式を設置して、それらで全員の映像と音声をまかなう場合、**機材を設置する位置**が重要です。

特に**カメラ**は、ひとり1台のパソコンとは違って、多くの人をとらえなければいけません。事前に設置して映してみて、カメラの位置やメンバーの座る場所を

カメラ
モニター
マイクスピーカー

調整しておくと、当日、調整に時間を取られずにすみます。

また、**会議室側のモニター**は、小さいと見えづらい人も出てきますので、できるだけ大きなものを用意するか、プロジェクターを利用するとよいでしょう。

よくあるトラブルは、マイクを複数使うときなどに起きる**ハウリング**です。スピーカーから発せられた音をマイクが拾い、増幅して発し、それがまたマイクで拾われ……という悪循環で、何ともいやな雑音が響いてしまうのです。

これは、**ノイズ除去機能を備えたオンライン会議用のマイクスピーカー**を使えば解決できますが、ほかにも面白い方法があります。

会議室のメンバーのもっているスマートフォンを1台だけ、会議にログインさせて、これをマイク代わりにしてみんなで使うのです。こうすると、スマートフォンのカメラが、しゃべる人の顔も大きく映してくれます。

また、会議室の各メンバーが、自分のパソコンで別々にオンライン参加する場合もあるでしょう。このときも、ハウリングのリスクがあります。

それを避けるには、各自が**ヘッドセット**などを使うか、あるいは、1台だけマイクとスピーカーを生かして、残りのパソコンはオーディオを切ってしまうという手もあります。

条件はケースによってさまざまですので、状況に合わせた工夫をしていただきたいと思います。その際、やはり**事前にいろいろと試し、チェックしておく**ことが必要になります。

BASIC 33

自分の通信環境を整える

ここまで、オンライン会議の「当日では間に合わない準備」について、特に運営側のものを見てきましたが、**参加者側が前日までにやっておくべきことや考えておくべきこと**も、紹介しておきたいと思います。

やはり、一番大事なのは、ここまで何度も出てきていますが、**通信環境を整えること**です。

動画を使ったオンライン会議は、インターネット通信量が多くなりますので、**高速で安定した通信環境**を確保しましょう。

通信が安定しないと、映像が止まったり、音声が途切れたりして、会議の進行に支障をきたしてしまいます。

たとえば、もともとWi-Fi（ワイファイ）（無線データ通信）がある環境でも、ルーターか

ルーターからの距離が遠い場合は有線LANがおススメです。
fast.comで速度確認できますよ♪

らの距離が遠いと、通信が不安定になります。**有線LAN**のほうが望ましいといえます。

本書のスタッフのひとりは、「今日からテレワークだ」という日に、まず家電量販店に行ったそうです。そこで長いLANケーブルを購入し、ルーターから自室のパソコンまで、天井にケーブルを這わせて有線でつなぎました。Wi-Fiよりも通信が安定して、快適な環境になったといいます。

BASIC 34

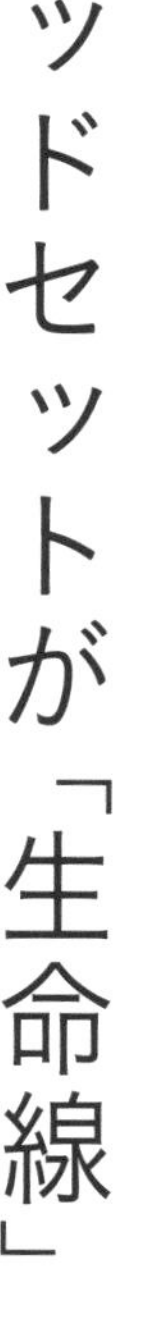

イヤフォンまたはヘッドセットが「生命線」

テレワーク環境でオンライン会議を行うとき、気をつけたいことのひとつに、**音や声の問題**があります。

家族のいる人が、自宅からオンライン会議に参加する場合、掃除機の音やテレビの音など、ほかの家族の生活音が、会議の場に聞こえてしまうことがあります。また、たとえば配偶者もテレワークをしていて、そちらのオンライン会議の声を、パソコンのマイクが拾ってしまうかもしれません。

ひとり暮らしの人の場合も、家の外を消防車や救急車が走ったら、そのサイレンが会議のノイズになります。

シェアオフィスなどからオンライン会議に参加する人もいるでしょうが、その場合でも、まわりの音声を拾ったり、会議の音声をまわりに聞かれたりするのは、最小限に抑えたいことと思います。

そこで用意していただきたいのが、**マイクつきイヤフォン**か**ヘッドセット**です。

単純に、パソコン本体のスピーカーやマイクよりも、マイクつきイヤフォンやヘッドセットのほうが**聞き取りやすく、伝えやすくなります**し、**ハウリングも防止**することができます。

そんなに高いものを買う必要はありません。ただ、パソコンによって合うものと合わないものがありますので、注意してください。

Ｍａｃ用のものは、基本的にＵＳＢ接続です。また、プラグが2本になっているヘッドセットは、ジャックがひとつしかないノートパソコンなどにはつなげません。いちおう、**自分のパソコンの型やOSなどもチェックした上で、お店の店員さんに確認**して購入したほうがよいでしょう。

オンライン会議にとって、**音声は生命線**ともいえます。「万が一」の事態に備えて、**「予備」のマイクつきイヤフォンなど**も用意しておくことをおススメします（本当に安価なもので十分ですので！）。

「自分の見せ方」もチェックしておこう

運営側ではない参加メンバーも、**初めてオンライン会議に参加する場合**や、**初めて使うツールを指定された場合**は、できれば**事前に一度ログイン**してみてください。

これには、大きな利点が3つもあります。

❶ 個人的な「通信接続テスト」になる

BASIC 30で運営側の**通信接続テスト**について述べましたが、参加メンバーもテストをやっておくと、問題点を事前に知り、運営側やくわしい人に聞くなどして対処することができます。

いろいろと勝手もわかりますので、当日は落ち着いてオンライン会議に臨めるでしょう。

❷「見せ方」をチェックできる

これからテレワークが社会に浸透すると、「リアルには会ったことがないけれども、オンライン会議では顔を合わせている」という人間関係が一般化することが予想されます。

そのような世の中では、**「オンライン会議ツールを通して、自分をどう見せるか」**という**セルフプロデュース**が重要になってきます。

ぜひ、「自分の見せ方」を意識的にチェックして、調整してみてください。

難しいことはありません。とりあえず、照明的に「顔が明るく見えるか」とか、カメラの角度的に「自然なアングルになっているか」とか、気になる点がないかをチェックすればよいと思います。

ちなみに私の友人には、あえて「自分に対して斜めの位置」に外づけカメラを設置している人もいます。「オンライン会議で、ずっとカメラ目線だと、相手を疲れさせてしまうのではないか」という考えがあってのことだそうです。たしかに、リアル会議では「ずっと視線が合いつづける」ことはありませんので、そのほうが自然だといえるような気もします。これについては、私も現在検証中です。

❸足りない機材をそろえられる

オンライン会議ツールにログインして自分を見てみると、たとえば「照明が暗い」とか、「逆光になって顔が見えにくいな」といったこともわかります。

そういう場合、追加の**デスクライト**など、必要な機材を調達してセッティングしてください。

机の上にノートパソコンを置いて使う場合、カメラの位置がちょっと低くて、変な角度がついてしまうことがあります。もし気になるようでしたら、オンライン会議のときだけ「嵩上げ」できるものを用意して、ノートパソコンの下に敷き、水平な視線の先にカメラが来るようにしましょう。

また、パソコンではなく、スマートフォンやタブレットを使ってオンライン会議に参加しなければならないこともあるかもしれません。そんなとき、スマートフォンを机に置いて上から覗き込みながら使うと、見下ろすような角度になって「何だかエラそう」に見えがちです。これも、事前チェックで気づいたら、よいアングルを探してそこにスマートフォンなどを固定する方法を考えます。**アームスタンド**や**ミニ三脚**（さんきゃく）も売っていますので、調べてみてください。

このように、参加メンバーも当日より前にログインしてみると、メリットがいろいろあるのですが、これに関しては、「必ず」とはいいません。

運営側ではない人は、**当日、オンライン会議前に20分でも15分でも時間を確保して、ギリギリにならないよう、できるだけ余裕をもってログインする**くらいでもOKだと思います。そのとき気になることがあったら、できる範囲で調整し、会議のあとで必要な機材を手に入れればよいでしょう。

当日の「見せ方」チェックについては、第4章でも説明します。

BASIC 36

会議に「万全の態勢」を作れない場合は？

思えば、みんなでいっせいにひとつのオフィスに集まって、「朝9時から夕方5時までは、とにかくここで仕事をするぞ！」とやっていたこれまでの働き方では、仕事に支障をきたすようなイレギュラーな要素は、可能な限り排除されていました。ある意味、「仕事をするには理想的な環境」が作られていた……といえるかもしれません。

しかしテレワークでは、各自が「自分が仕事をする環境」を、自分で作らなければいけません。

「仕事をするためだけの場所」として確保されたオフィスに集まっていたときに比べて、「自分が仕事をする環境」の確保は、どうしても難しくなります。

場合によっては、決められた時間に、オンライン会議に参加できる「万全の態

勢」を作れないかもしれません。

「自分は大丈夫」と思っていても、誰にでもそのような可能性はあると思います。

誰かが「ひとりで静かにこもって、オンライン会議に参加できる部屋」を確保できなくなったとき、どうするか。

「それでも大丈夫」と言えるようなルール作り、仕組み作りが必要なのではないでしょうか。

たとえば、「万全の態勢」でない人でも、**カメラはオフ、マイクもミュート（消音）**の状態で会議の場にログインし、オンライン会議の様子を「見て聞くだけ」ならできるかもしれません。そして何か言う必要があれば、そのときだけ電話をかけたり、チャットで意見を表明したりすればよいのです。

「仕事の場」と「生活の場」が近くなると、個別の事情が出てきます。

お互いの事情を認め合い、イレギュラーな事態にも対応できるチームを作ることが、これからの時代には大切になってくると思います。

「当日よりも前」に行っておくべき準備のポイント

25 □ 「事前共有リスト」を作成する。

26 □ オンライン会議に必要なデータを手配する。

27 □ わかりやすく、会議当日に使いやすい形で資料を共有しておく。

28 □ メンバーが当日スムーズにログインできるようにするための「参加マニュアル」を送っておく。

29 □ テクニカルサポーターを置くことを検討する。

30 □ 余裕のあるうちに通信接続テストを行う。

31 □ 重要なオンライン会議の前には、予行演習を行う。

32 □ オンラインの参加と会議室からの参加が混在する場合は、状況に応じた工夫が必要。

33 □ 参加メンバーは、高速で安定した通信環境を確保する。

34 □ マイクつきイヤフォンかヘッドセットを用意する。

35 □ 参加メンバーも、できれば事前ログインし、通信接続テストを兼ねて「自分の見せ方」などをチェックする。

36 □ 個別のメンバーのイレギュラーな事態にも対応できるようなチームの仕組みを作る。

第4章

「会議直前」はやることがいっぱい！

この章では、「オンライン会議当日」の、開始直前の時間帯にやるべきことをガイドします。直前は意外に忙しくなりますので、余裕をもってひとつひとつチェックし、準備していきましょう。

BASIC 37

「オンライン会議をやるよ」とまわりに伝える

自宅などからオンライン会議に参加するときには、**静かで落ち着いた環境を用意する**ことが大事です。

家族がいる人は、オンライン会議を行う日はあらかじめ、「今日は○時から×時まで、自分の部屋でオンライン会議をするから」といったふうに、会議時間も含めて話しておきましょう。

もしできれば、**前日までに一度伝えるなり、家族で共有するカレンダーに書くなりしておいて、当日にもあらためてアナウンスする**のが理想的です。

「オンライン会議をしている」ということを知らないと、家族の人が何かの用事で部屋に入ってくることがありえます。そのとき、機密事項について話していたりしたら、会議を一度ストップしなければならなくなったりします。

READY?

また、マイクつきイヤフォンやヘッドセットなどで、ある程度のノイズはシャットアウトできますが、もしかしたら家族の人に、大きな音を出すような用事があるかもしれません。

家族の人の立場からしても、「オンライン会議をやっているとは知らずに入室して、カメラに映り込んでしまった」といったことはイヤでしょう。

「会議は何時から何時までか」を知らないと、ずっと気を遣いつづけなければならなくなります。

家族と一緒に暮らす人がテレワークを行うには、**家族の人から理解してもらい、ときに協力してもらう**ことが大事です。

「仕事なんだから、家族の側が気を遣って当然だ」という一方的な態度では、うまくいかなくなります。

家族の人にも都合があることを肝に銘じた上で、**必要な情報を開示**して「ここは協力してもらいたい」と明確に伝えるようにしましょう。

BASIC
38

服装や身だしなみを整える

会社のオフィスで仕事をするときは、スーツなどの服装で通勤していた人も、自宅でのテレワークとなると、つねに他人と顔を合わせているわけではないので、普段着で仕事をする、といったことも多いでしょう。それは合理的なことだといえます。

しかし、オンライン会議に参加する際は、**自分の服装や身だしなみに対して、少し意識的になってみる**ほうがよいと思います。

オンライン会議には、「自宅から出る」という行動なしで、自分が最もリラックスできる部屋などから参加することができます。

普段、他人の目を気にせずにすごしている場所である分、気持ちの切り替えが難しいものです。

READY?

「何となくいつもの感じでオンライン会議を始めてみたら、モニターに映った自分の服装が、ちょっと場違いであることに気づいた」といったこともよくあるといいます。

服装については、人それぞれに考え方もあるでしょうし、「必ずスーツなどを着てオンライン会議に臨みましょう」とはいいません。

ただ、**「自分の見せ方」**（BASIC35参照）**として不本意な形にならないように、**よくチェックしておいたほうがよいと思います。

これは、**ヒゲや髪型、メイクなどの身だしなみ**についても同じです。

大事なのは、**自分が納得できる姿、自分が見せたい姿を見せられるように「演出」**すること。

まずは鏡の前で身だしなみを整え、できればあとで、カメラを通した姿もチェックしておきましょう。

BASIC 39

30分前にはパソコンの電源を入れる

オンライン会議当日、「会議の前からずっと、パソコンを使って仕事をしている」というケースも多いでしょうが、パソコンを使わない仕事をしていたり、またはその日の最初の仕事がオンライン会議だったりする場合もあると思います。

そういうときは、**パソコンの電源だけでも、早めに入れておきましょう。**

というのも、オンライン会議の開始時刻の直前に電源を入れると、OSが立ち上がるまでに時間がかかるだけでなく、自動的に起動するスタートアップアプリなどのせいで動作が遅く、スムーズにオンライン会議にログインできないことが多いからです。

パソコンが快適に動くようになるまでの時間は、意外に長いものです。もちろんパソコンによって違うわけですが、**30分前には電源を入れておく**と安心でしょう（電源さえ入れてしまえば、そのあとしばらく放っておいても大丈夫です）。

READY？

トイレをすませておく

パソコンの電源を入れたら、OSが立ち上がっている間、しばらく「待ち」の時間ができます。

この間に、**トイレに行っておく**ことをおススメします。

もちろん、いつ行かれても自由ですし、「会議の前にトイレをすませておく」というのはオンラインに限ったことではありませんから、「そんなこと、わざわざアドバイスしてくれなくても……」と思われる方もいるでしょう。

しかし、オンライン会議の場合、**開始直前は思いのほかチェックするべきことが多く、気ぜわしくなる**ものです。このタイミングでトイレをすませておくと、落ち着いて会議に臨むことができます。

BASIC 41

「背景の映り込み」をどうするか

オンライン会議でカメラをオンにする場合、自分の後ろに部屋の様子が映り込みます。

その**「背景」も、「自分」の一部として見られる**ことになります

見せ方を意識しないでいると、妙に生活感のあるものが人目にふれることになったりします。「見せたくないもの」が映らないようにしたいものです。

「背景」になる場所を客観的な目で見て、ある程度の片づけをしておきましょう。

しかし、部屋の様子はプライバシーにかかわることでもあります。「見られたくない」と思う人も多いでしょう。

そんな人のために、多くのオンライン会議ツールは、**バーチャル背景（カスタム背景）**の機能を用意してくれています。背景に実際の部屋の様子が映るのでは

READY？

なく、用意された画像が映るように設定できるのです。

設定の仕方はツールによって違いますが、ツール名と「バーチャル背景」でインターネット検索を行えば、やさしく解説してくれるサイトがヒットします。

また、**「自分の名刺」を背景に設定**することもできます。

BASIC 24でも述べましたが、オンライン会議には名刺交換がありません。これを補うために、名刺に入れる情報をレイアウトして、バーチャル背景として用いるのです。「バーチャル背景」と「名刺」をキーワードにして検索すれば、手軽に作成できるサービスを探せます。

BASIC 42

デスクトップ画面などを整理する

「映り込み」に関することとして、もうひとつ意識したいのが、**パソコンのデスクトップ画面**や、**インターネットブラウザのブックマークバー**など、「あなたのモニターに映るもの」です。

これらは、**画面共有のときなどに映り込む**可能性があります。つまり、これらもオンライン会議の「背景」のようなものなのです。

あなたのデスクトップ画面には、プライバシーにかかわるような名前がついたフォルダーやファイルはありませんか？

あなたのブックマークバーには、他人に見られることを想定していないサイト名が並んでいたりはしませんか？

そういったものが人目にふれるのは、あなたも本意ではないでしょう。見たほ

READY?

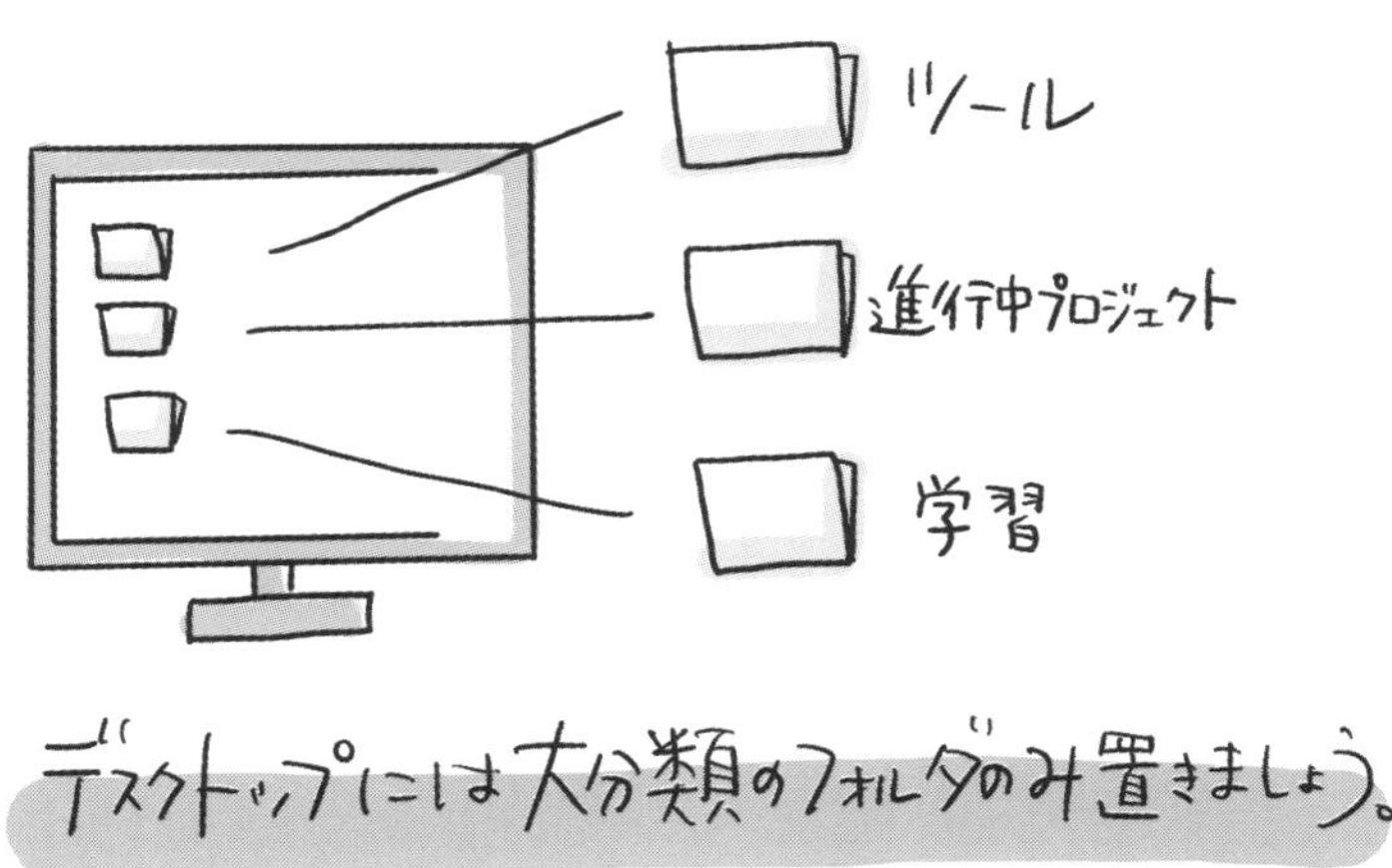

うも気が散ったり、気まずい思いをしたりします。

また、場合によっては、何らかの機密情報が漏れてしまうことも、ないとはいえません。

セルフプロデュースとしても**情報管理**としても、「見せるつもりのないもの」が映ってしまうのはよろしくないのです。

デスクトップ画面やブックマークバーは、よく整理しておきましょう。

テーマごとにフォルダーにまとめ、それぞれのフォルダーに「見られても大丈夫な名前」をつけておくだけで、だいぶスッキリします。

BASIC 43

パソコンの「通知」を切る

リアル会議の前に**携帯電話をマナーモードに切り替える**のは、常識になっています。オンライン会議の場合にも、携帯電話はマナーモードにしておくべきですが、それだけではありません。同じようなこととして、**パソコンの通知を切っておきましょう。**

パソコンで作業をしていると、ときどき短い音が鳴って、画面の右下や右上に、さまざまなお知らせが表示されます。これが**通知**です。

通知が表示される状態のままにしておくと、当然のことですが、オンライン会議中も通知が入ってきます。

その音は会議のほかのメンバーにも聞こえますし、もし画面共有中だったら、お知らせの内容が人目にふれてしまう可能性もあります。

READY?

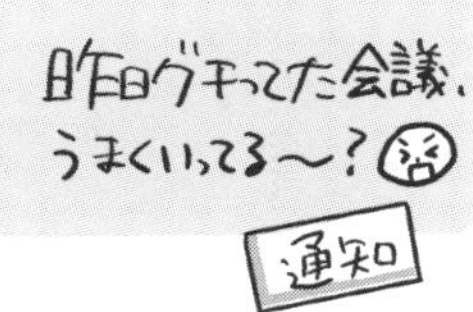

少なくともオンライン会議の間は、通知オフにしておくのが得策です。

たとえばWindows 10の場合、左下端にあるスタートボタンを押し、「設定」を選んで、「通知とアクション」を選択します。その中の「アプリやその他の送信者からの通知を取得する」をオフにすると、通知を切ることができます。

Ｍａｃの場合は、キーボードのオプション（Option）キーを押しながら、右上端の三本線のアイコンをクリックすると、「**おやすみモード**」が一時的にオンになります。「おやすみモード」の間は、一切の通知が表示されなくなります。

BASIC
44

余計なアプリを閉じておく

オンライン会議の前からパソコンを使って仕事をしていた人は、複数のウィンドウを開き、いくつものアプリを稼働（かどう）させていると思います。

アプリは、たくさん開けば開くほど、多くのメモリを使います。メモリの余裕がなくなると、パソコンの動作が遅くなったり、不具合が起こりやすくなったりします。

オンライン会議の際は、インターネット通信状態を、できるだけ良好に保っている必要があります。

ですから、会議の前に、**「会議では使うことがないだろう」と思われるアプリは、すべて閉じておきましょう。**インターネットブラウザについても、**余計なタブは閉じてください。**

BASIC 45

照明やカメラの角度などをチェックする

BASIC35で、**「自分の見せ方」の事前チェック**について述べましたが、オンライン会議直前にも、**照明やカメラアングルを確認**しておきましょう。

オンライン会議ツールには、**会議にログインする前にカメラテストができる機能**があります。だいたいの場合、「設定」の中に「ビデオ」に関するメニューがあり、そこでカメラ映りを確認することが可能です。

また、インターネット上には、簡単にカメラテストを行ってくれるウェブサイトもあります。

そういうものを利用して、**顔が暗くなっていないか、逆光になっていないか、妙なアングルになっていないか**などをチェックしてください。

BASIC 46

ログインは「早すぎる？」くらいでOK

さて、ここまでの準備が整ったら、いよいよ**オンライン会議にログイン**しましょう。

運営側は、特に大きな会議や外部の人も参加する会議、イベントのときなどは、**15分前には「音声が問題なくやり取りできるか」「カメラが問題なく映るか」のチェックを終了**させ、万全の態勢でメンバーの入室を待ちます。

通常のミーティングの場合にも、スタート5分前までには、音声テストとカメラテストを終えて「すべて問題ない」とわかった状態を作っておいてください。

参加メンバーも、**5分前にはログインの操作を始める**のがよいと思います。

具体的には、オンライン会議のＵＲＬが記載されたメールなどを出して、そのＵＲＬに飛ぶのです。

READY？

「メールを見つけるのに、意外に時間がかかった」ということもよくありますし、リンクをクリックしてもすんなりとすぐにログインできるとは限りません。システムとの間でいくつかのダイアログ（やり取り）を経てからログインすることになり、途中で時間がかかったりもします。5分前に始めて早すぎるということはありません。

オンライン会議にログインしたら、ほかの人と会話して、**オーディオやカメラが機能しているかどうか、お互いに確認**してください。

たとえば「自分の声が相手に聞こえない」場合、オンライン会議ツール上でマイクがオフになっている場合もありますし、ヘッドセットのスイッチがミュート（消音）のほうに入っている場合もあります。

早めにログインして確認し合えば、オンライン会議の開始時刻までに、こういう問題を解消しておくことができます。

オンライン会議の当日、直前にチェックするべきポイント

37 □ 「オンライン会議がある」ということを、時間も含めて家族に伝える。

38 □ 服装や身だしなみを整える。

39 □ オンライン会議開始時刻の30分前には、パソコンの電源を入れておく。

40 □ 時間的余裕があるうちにトイレをすませておく。

41 □ 自分の後ろに映る部屋の「背景」を片づけるか、バーチャル背景などを利用する。

42 □ 自分のパソコンのデスクトップ画面や、インターネットブラウザのブックマークバーなどを、「人から見られてもよい状態」に整理する。

43 □ 携帯電話をマナーモードにし、パソコンの通知を切る。

44 □ オンライン会議中に使うことのない余計なアプリを閉じておく。

45 □ 照明やカメラの角度などをチェックし、調整する。

46 □ 早めにオンライン会議にログインして、音声や映像のチェックをしておく。

第5章

オンライン会議の始め方

この章では、オンライン会議の開始時点で気をつけるべきポイントを紹介します。気持ちよく会議をスタートさせましょう。特に大事なのは、時間どおりに始め、会議の方向性やゴールなどを確認しておくことです。

「最初のあいさつ」は音声・出席確認を兼ねる

オンライン会議で、特に初対面どうしが多い場合は、ログインして顔を合わせても、お互いにどう声をかけてよいかわからず、シーンと気まずい沈黙が続くことがあります。

この気まずい沈黙は、基本的に、運営側が解消するべき問題です。**司会者**が動きましょう。

司会者は、開始時刻の前からオンライン会議にログインしているはずですから（BASIC 46 参照）、**メンバーが入ってきたら、積極的に声をかけてあいさつをしてください。**

いつもは直接顔を合わせずにテレワークをしている状況では、こういう時間のコミュニケーションも重要です。また、「○○さん、おはようございます」などと司会者が声をかけるのを聞けば、初対面の人にも名前がわかるようになります。

このとき、司会者が「○○さん、おはようございます」と呼びかけて、メンバーから「おはようございます」と返事が聞こえたら、お互いのマイクとスピーカーが機能していることがわかります。つまり、**音声確認**にもなるわけです。「ちゃんと聞こえますね。今日はよろしくお願いします」と返し、次の人がログインしてくるまで雑談していましょう。

また、司会者は、オンライン会議に誰が参加するかを把握しており、名簿などももっていることと思います。あいさつをした人にチェックを入れていけば、**出席確認**も兼ねられます。

ただ、業界によっては、メンバーのほとんどがオンタイム（時間ぴったり）にログインしてくるようなオンライン会議もあります。そういう場合、ひとりひとりとやり取りしていくようなあいさつは難しいかもしれません。

そんなとき私は、全体に向かって「みなさん、おはようございます」と呼びかけた上で、「聞こえていたら手をあげてください」とお願いします。これで、あいさつと音声確認を同時に行うことができます。

BASIC 48

オンライン会議の開始は「時間厳守」

さていよいよ、オンライン会議の開始時刻になりました。
ここで大事なのは、**時間厳守で会議を始める**ことです。

人が集まるところに、遅刻者はつきもので、それはオンラインでも同じです。「さあ、始めよう！」と思ったら、まだログインしてきていないメンバーがいることに気づくかもしれません。

そんなとき、「まあ、ちょっとログインに手間取っているだけだろうから、5分くらい待ってみようか」という気持ちになりがちです。

しかし、「もうちょっと待ちましょう」となったら、ちゃんと開始時刻までに準備を整えていたメンバーの中に、「あ、この会議は、遅れてもよかったんだ」という気持ちが生じます。

「こっちは、オンライン会議に間に合うように、早めに自分の仕事を切り上げたのに……」と不満をもつ人も出てくるでしょうし、そんなことが続くと、「どうせ5分遅れて始まるんだから、こっちの大事な仕事を優先しよう」と、オンライン会議への遅刻者が増えていきます。

たとえ全員そろっていなくても、時間になったら、オンライン会議を開始してしまいましょう。上司などの「偉い人」でも待ちません。というか、**「偉い人」ほど、オンライン会議に遅れてはいけません。**

すでにメンバーは「必要最低限」のキーパーソンばかりにしぼっているはずですから（BASIC 18 参照）、本題に入れないかもしれませんが、できる話から始めます。

「決めた時間は守る」というふうに、筋を通すことが重要なのです。

遅刻者を待たずにオンライン会議を始めることで、時間の大切さを、**チーム全体の「行動レベルの共通認識」**にしていけば、**時間を守るチーム文化**が、自然と形成されます。

BASIC 49

遅刻にどう対応するか

オンライン会議は時間厳守、遅刻厳禁。運営側もメンバー側も、この認識は明確にもっているべきです。

とはいえ、ほかのメンバーが遅刻してきたとき、「気持ちがゆるんでいるから遅刻するんだ」とか、「どんな理由があっても、遅刻はダメなんだ」といった決めつけから、頭ごなしに相手を責めたり、険悪（けんあく）な雰囲気を作ったりしてはいけません。遅刻者にも、何らかの事情はあるものです。

遅刻者の合流は**ウェルカムな態度**で明るく迎え、必要に応じて、「遅刻した理由」を手短に確認してください。

その上で、**「これまでどんな話をしていたのか」を、要約して伝えてあげる**と、そこからの議論がスムーズで生産的なものになるでしょう。

自分が遅刻してしまったらどうするか

万が一、何かの事情で自分が遅刻したときは、どうすればよいのでしょうか？「遅れてすみません！」などと言いながら入っていくと、大事な流れを中断してしまうことになりかねません。まずは**マイクをミュート**（消音）にして無音で入ってから、**少しの間、その場の話を聞き、おおまかに状況を把握**しましょう。

ただし、多人数のオンライン会議では、「声を出さずに入ってきた人に、ほかのメンバーがまったく気づかない」ということにもなりかねません。ですから、**全体の流れを壊さずに、自分が入ったことを知らせる**必要があります。

状況にもよりますが、入ったことを全員に知らせたほうがよい場合には、オンライン会議ツールの中の**チャット**などに「遅れてすみません、○○（自分の名前）入りました」といったメッセージを流します。運営側だけに知らせる場合は、**司会者やアシスタントに電話などで個別に連絡する**とよいでしょう。

BASIC 51

アイスブレイクとしての「自己紹介」

初対面の人が多い会議や研修の場合、「最初に**アイスブレイク**を行うとよい」とよくいわれます。アイスブレイクとは、ちょっとしたワークやゲームなどでメンバーの緊張を解き、リラックスしたムードを作ることです。これをやっておくと、メンバーどうしのコミュニケーションが取りやすくなり、進行がスムーズになるとされます。

私は、**その場にある緊張をなくす**という広い意味でのアイスブレイクは必要だと思いますが、わざわざゲームなどをすることはないと考えています。

その場に緊張があるのは、**それぞれのメンバーにとって「わからないこと」や「知らないこと」があるから**です。だとしたら、早く**「わかっている」「知っている」という状態になってしまえばよい**だけではないでしょうか。

START

ヨシ!

司会者は、すぐに**自己紹介タイム**に入りましょう。BASIC 24を参考にして自己紹介のやり方を考えておき、メンバーにもあらかじめ伝えておくことをおススメします。

もともとなじみのあるメンバーの中に、新しい参加者が数人入ってきた、という場合にも、緊張が生じますから、アイスブレイクとしての（自己）紹介が必要です。このとき、**Ⓐ新しいメンバーから、旧来のメンバーへの自己紹介**だけでなく、**Ⓑ旧来のメンバーから、新しいメンバーへの自己紹介**も行うことが大事です（どちらを先にするかは、ケースバイケースで判断しましょう）。

自己紹介の際、参加メンバーの側で気をつけるべきことは、ふたつあります。ひとつは、**セルフプロデュース**という意味で、「知ってもらいたい自分」を提示すること。そしてもうひとつは、**時間を使いすぎない**ことです。普段から、「15秒バージョン」「30秒バージョン」「1分バージョン」と、短い時間でまとまった自己紹介を用意しておけると理想的です。

BASIC
52

レコーディングの注意点

多くのオンライン会議ツールには、**レコーディング**の機能がついています。「Zoom」や「Teams（チームズ）」のように、**ホスト**やそれに準ずる人がレコーディングに関する権限をもつツールと、「Skype for Business（スカイプ フォー ビジネス）」のように、メンバーならば誰でもレコーディングすることができるツールがあります。

録画・録音したいのならば、会議の最初から行うとよいですが、たとえば運営側が黙ってレコーディングを始めていたとなると、イヤだなと思うメンバーもいるかもしれません。

会議のスタート時に、レコーディングすることとその目的を伝えて、**メンバーみんなの許可を得てから**レコーディングしましょう。

郵 便 は が き

料金受取人払郵便

日本橋局
承　　認

1301

差出有効期間
2021年5月31日
まで

103-8790

011

東京都中央区日本橋2-7-1
東京日本橋タワー9階

㈱日本能率協会マネジメントセンター

出版事業本部 行

フリガナ / 氏　名		性　別	男・女
		年　齢	歳
住　所	〒 TEL　　（　　　）		
e-mail アドレス			
職業または学校名			

ご記入いただいた個人情報およびアンケートの内容につきましては、厳正な管理のもとでお取り扱いし、企画の参考や弊社サービスに関する情報のお知らせのみに使用するものです。詳しくは弊社のプライバシーポリシー（http://www.jmam.co.jp/about/privacy_policy.html）をご確認ください。

アンケート

ご購読ありがとうございます。以下にご記入いただいた内容は今後の出版企画の参考にさせていただきたく存じます。なお、ご返信いただいた方の中から毎月抽選で10名の方に粗品を差し上げます。

● 書籍名

● 本書をご購入した書店名

● 本書についてのご感想やご意見をお聞かせください。

● 本にしたら良いと思うテーマを教えてください。

● 本を書いてもらいたい人を教えてください。

★読者様のお声は、新聞・雑誌・広告・ホームページ等で匿名にて掲載させていただく場合がございます。ご了承ください。

ご協力ありがとうございました。

ただし、「レコーディングされる」とわかると、何となく緊張して口が重くなったり、「不用意なことは言うまい」と意識的に口をつぐんだりする人も出てきます。

レコーディングにはメリットだけでなく、デメリットもあるということは、よく知っておくべきでしょう。「何となく、録画しておけば安心」という**惰性でレコーディングするのはよくありません。**

レコーディングするかどうかは、**目的**をよく考えて判断しましょう。「何のためにレコーディングしたいのか」と考えてみるのです。

たとえば、「オンライン会議に出られない人に、あとで見てもらいたい」という場合や、会議での内容を聞き直したかったり、文字起こしをしたかったりする場合などは、レコーディングする必要があります。

しかし、そういう目的がないオンライン会議も多いはずです。**必要のない場合にはレコーディングせず**、議事録を取るなどにとどめて（第8章参照）、「生の会議」に集中しましょう。

BASIC 53

「最初の確認」で会議は大きく変わる

リアル会議かオンライン会議かにかかわらず、会議というものは、「何となく」始めてはいけません。

集まったメンバーたちは、ひとりひとり、もっている情報や意識に差がありま す。「これから始まる会議はどんなものか」ということについても、それぞれ違ったイメージをもっているものです。

ですから、最初の時点で**「会議の輪郭（りんかく）」を確認し、共通認識にしておく**必要があります。

この確認をせず、いきなり最初の議題から話しはじめると、みんなの向く方向がバラバラで、「いろいろ話したけれど、結局、何が決まったのかもよくわからない」といった散漫な会議になります。

逆に、スタート時点で「この会議はどういうものか」をしっかり確認しておけば、議論が噛（か）み合って充実した時間になり、明確な成果が出るでしょう。

オンライン会議の最初の時点で確認するべき「会議の輪郭」として、はずせないのは次の4点です。

❶ 役割分担

運営側の役割分担（BASIC 06 参照）をメンバー全員に知らせ、事実的に承認を得ておきます。

最も基本的な役割は、**司会者**、**記録係**、**タイムキーパー**の3つです。そのほか、必要に応じて**アシスタント**や**テクニカルサポーター**も入ってきます。

❷ 時間

オンライン会議の開始時刻はもうすでに迎えていますから、**終了時刻**と、それまでの間に取る**休憩時間**の目安を確認しましょう。

司会者が言ってもよいですし、タイムキーパーの口からアナウンスするのも効果的です。

スタート時に「終わりの時刻」を告げておくことで、メンバーそれぞれの「時間への意識」が高まり、話し合いの効率が上がります。

また、「だいたい1時間後に10分程度の休憩を取る」といったことがはっきりわかっていれば、話し合いの最中でちょっとトイレに行きたくなったり、電話がかかってきたりしたメンバーも、「休憩時間まで待とう」と思うことができるでしょう。

❸ 議題

「その会議で何を話し合うのか」を確認します。「そんなこと、会議に出席する時点で、だいたいみんなわかっているだろう」と思われるかもしれませんが、案外あいまいだったり、見解が違っていたりするものです。

まずは司会者から、「今日の議題は○○と△△と××です」と提示します。場合によっては「ほかに、今日話したいことがある人はいますか？」と問いかけてもよいでしょう。

❹会議のゴール

取り上げる議題について、「何が決まれば、今日はＯＫか」も、先に確認しておきます。このことによって、みんなの気持ちが同じ方向に向かいます。

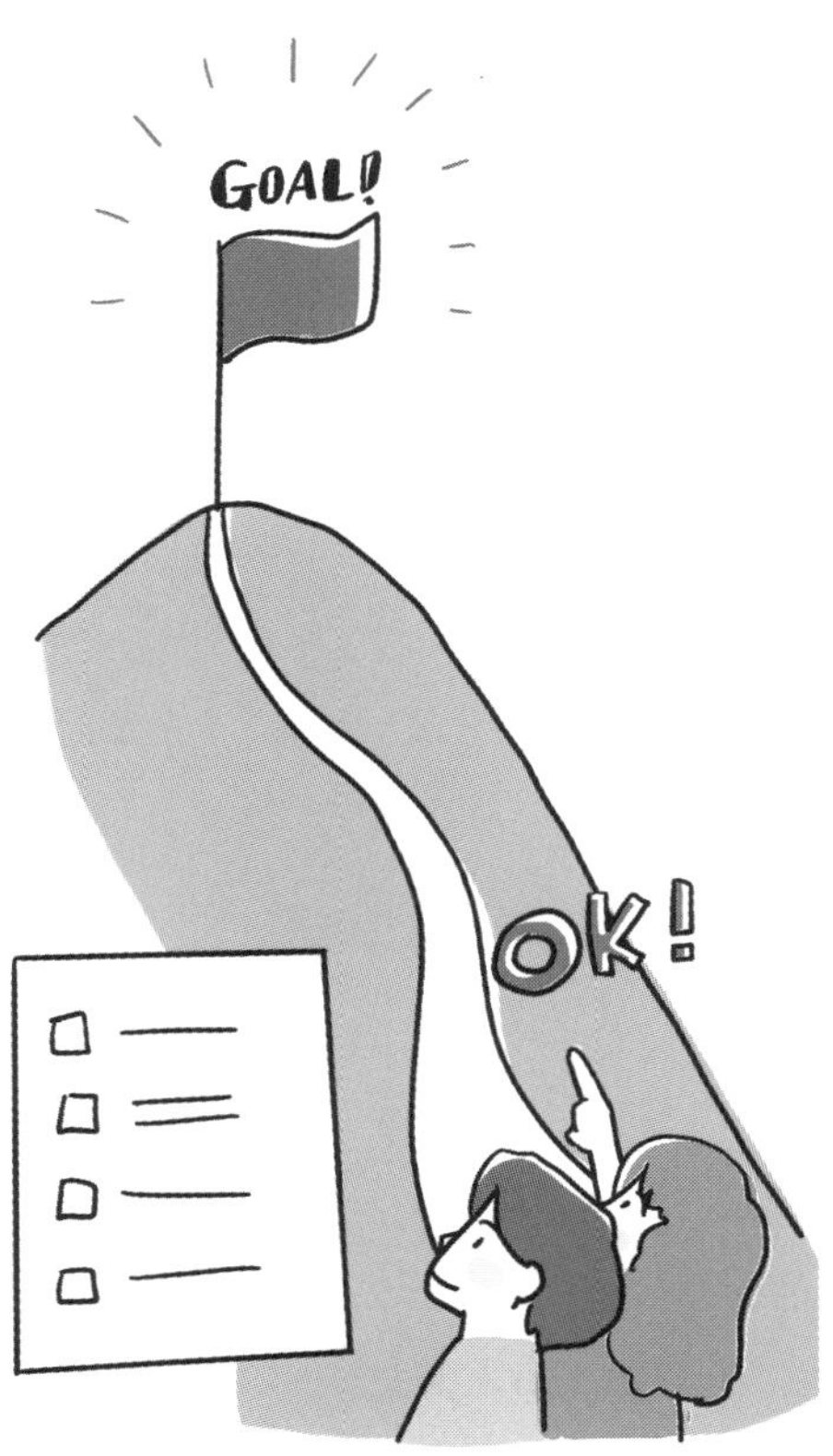

BASIC 54

会議のルールやサインを共有する

BASIC 04で、「オンライン会議では**ルール**が大事」ということを述べました。初めて参加するメンバーがいる場合などには、会議の最初の段階で、**チームのルールの確認**を行っておくとよいでしょう。

初参加のメンバーは、「この会議には、どういうふうに参加すればいいんだろう」という不安をもつものです。最初に「参加した会議では、必ず何か発言することになっています。よろしくお願いします」といったふうにルールがクリアになれば、初参加でもとまどわなくてすみます。

もちろん、もとからのメンバーも「ちゃんとチームのルールを守ろう」と意識することができます。そして、ルールを共有するチームとしての連帯感も生まれます。

START
ヨシ!

初対面どうしの多い単発の会議などでも、**最初に「その会議のルール」を決めておく**ことは有効です。

たとえば、「どんな思いつきでも大歓迎！」とか、「反対意見を言うときは、代案も提示する」とか、「指名されるまで勝手にしゃべらない」など、**会議の目的に合ったルール**を設定しましょう。

また、ルールとして**オンライン会議中のサイン**を決めることもできます。

「相手の話がわかったらOKサイン」「発言したいときは挙手」といったジェスチャーを共有しておくのです。そうすれば、大勢がいっぺんに「わかりました」と言ったり、いきなりしゃべりはじめたりすることがなくなり、場の混乱を避けることができます。

ただし、参加人数が多かったりすると、サインがよく見えないこともあります。サインを使うかどうかは、ケースバイケースで判断してください。

情報共有の効果を倍増させるふたつのポイント

BASIC 22 や BASIC 23 でも述べましたが、多くの場合、会議には**「伝える」段階**（情報共有の段階や指示を行う段階）と**「引き出す」段階**（各自が意見を表明し議論する段階）が存在し、「伝える」から始まって「引き出す」へと移行していきます。

「伝える」段階では、司会者や運営側からメンバーに対して、一方的に情報が伝達されます。

このとき、情報を提示する側が、**ふたつのポイント**を押さえるだけで、情報共有の効果が大きくなり、議論への移行がスムーズになります。

ひとつは、**「情報を共有したあとに、何を議論するか」**を、**先に予告しておく**ことです。

そうすれば、メンバーは目的意識や問題意識をもって話を聞くことができますし、あとで議論の段階に移ったとき、すぐに活発に意見のやり取りが行われるようになります。

もうひとつは、共有する内容について、**「どういった点に注目して話を聞けばいいか」などを指示しておく**ことです。

漠然と「聞いてください」と言うよりも、たとえば「特にお金の面に注意して聞いてください」とか、「時間的に間に合うかどうか、考えながら聞いてください」といったふうに提示したほうが、メンバーも「焦点を合わせるべきこと」が明確にわかり、その分、集中力が増します。

これは研修などの際にも応用できます。たとえば、「印象に残った言葉を、3つ以上メモしておいてください」とか、テキストが手もとにあるなら「わからない言葉が出てきたらアンダーラインを引いておいてください」などと言ってから話を始めるのです。そうすると、**参加者の主体性が目に見えてアップ**します。

オンライン会議を開始するときのポイント

47 □ 司会者はログインしたメンバーに声をかけ、音声確認・出席確認を兼ねた「最初のあいさつ」を行う。

48 □ オンライン会議は「時間厳守」で開始する。

49 □ 遅刻者はウェルカムな態度で迎え、それまでの話を要約して伝える。

50 □ 自分がもしオンライン会議に遅刻したら、ミュートで入ってから入室を知らせる。

51 □ 自己紹介は、アイスブレイクの代用として、その場にある緊張をなくすことにも利用できる。

52 □ レコーディングは、必要のあるときだけ、メンバーの承諾を得てから行う。

53 □ オンライン会議の最初に、「役割分担」「休憩時間・終了時刻」「議題」「会議のゴール」を確認しておく。

54 □ そのオンライン会議のルールやサインを、確認して共有しておく。

55 □ オンライン会議の冒頭で行われる情報共有の際は、「あとで何を議論するか」と「どこに注目して聞くか」を、あらかじめ伝えておく。

第6章 オンライン会議を円滑に進める

この章では、オンライン会議の場に「いる」作法、「聞く」作法、「話す」作法など、会議をスムーズに進めるために、参加メンバーが気をつけるべきポイントを紹介します。

BASIC
56

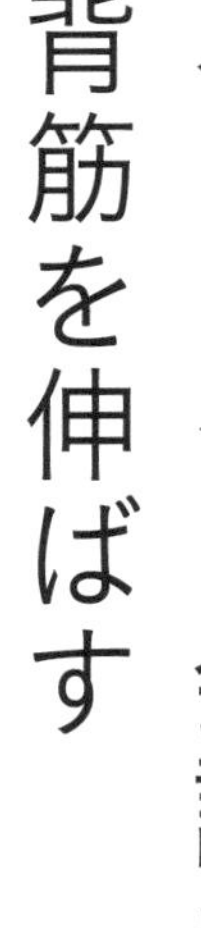

オンライン会議中は背筋を伸ばす

オンライン会議にメンバーとして参加する人が、何に気をつけるとよいのか、まずは**その場にいるための作法**から押さえていきましょう。

自宅でテレワークを続けていると、オフィスと違って「他人の目」がないので、ついダラッとしたラクな姿勢になってしまいがち……そんな人もいるかもしれません。

普段の姿勢についてうるさいことは申し上げませんが、オンライン会議のときには「見せ方」を意識して、**背筋を伸ばしてよい姿勢を心がける**ほうがよいでしょう。パリッとした気持ちになりますし、相手によい印象をもってもらえます。

BASIC 57

できるだけ「にこやかな表情」を見せる

BASIC 08 でも少しふれましたが、オンライン会議に参加するときに**カメラをオンにする**メリットは、**「表情」という情報を相手に伝えられる**ことです。

ですから、「もし可能ならば」の話ですが、**マスクも外して、表情を相手に見せたほうがよい**でしょう。

もちろん、まわりに人がいるなど、必要な場合はマスクをつけているべきですが、「必要ないのに、ついつけっぱなしにしていた」ということも多いようですので、ちょっと気をつけてみてください。

そして、**自分の見せ方（セルフプロデュース）**という意味では、やはり「にこやかな表情」を見せたほうが、好感度が高くなります。

無理のない範囲、少しずつでけっこうですので、**口角（こうかく）を上げて、笑顔を意識**してみましょう。

BASIC 58

ミュート機能を使いこなす

オンライン会議で、**ほかのメンバーの話を聞くときの作法**として、まず知っておいていただきたいのは、**ミュート（消音）機能**の使い方です。

ミュート機能とは、自分のマイクをオフにして、自分の出す音声を、オンライン会議の場に流さないように設定できる機能です。多くのオンライン会議ツールでは、画面上に出ている**マイクのアイコン**をクリックすれば、マイクがミュートになります。

人数の多い会議など、**自分が大半の時間「聞き手」になるオンライン会議**では、**ほかの人がしゃべるときは原則的に、自分のマイクをミュートにしましょう。**

マイクをオンにしていると、ちょっとしたくしゃみや咳払いをしたときも、ほかの人に大きく聞こえることになりますし、外を救急車が通ったりすると、サイレンの音のせいでみんなの気が散ります。

また、まわりに雑音の多いカフェなどからオンライン会議に参加する場合、ミュート機能を使わないと、会議にノイズを持ち込むことになってしまいます。

自宅からの参加で、ほかの家族が立てる生活音を聞かれたくないときも、基本的にミュートにするとよいでしょう。

ただし、3～4人程度のミーティングなど、**全員がお互いに話をするオンライン会議や、自分が中心になってコンスタントに話をしつづけるオンライン会議**では、いちいちミュートせずに普通にしゃべったほうが、スムーズに会議が進みます。

「とにかくマイクはミュート」と決めつける必要はありません。ケースによってうまく使い分けてください。

BASIC
59

「相づち」はどうするか？

対面の会話では、誰かが話をするとき、聞き手が「はい」とか「なるほど」といった**相づち**を打つことで、会話が活性化されます。

適切なタイミングで相づちが入ると、話し手は「理解してもらえているんだな」と自信をもったり、あるいは「ここはわかりにくいかな」と軌道修正をしたりすることができるのです。

これは、リアル会議でも同じです。私はリアル会議については、特に司会者が積極的に相づちを打ち、**「聞いていますよ」「伝わっていますよ」ということを話し手にフィードバック**していくことをおスススメしています（BASIC 76参照）。

しかし、オンライン会議では、少々事情が異なってきます。

オンライン会議では、通信状態によっては**タイムラグ**が生じ、相手の音声が遅れて聞こえてきたり、自分の音声が相手に聞こえるまでに時間がかかったりすることがあります。

そういう状況では、声に出して相づちを打っていくと、その相づちの声が、相手の次の発話をジャマしてしまいます。結果、やり取りがギクシャクし、ストップすることもしばしばです。

特に、大勢の参加メンバーがいる場合、みんながそれぞれ相づちを打ったら、オンライン会議が混乱することになりかねません。

ある程度多くの人が参加するオンライン会議では、**声に出して相づちは打たず、うなずく動作などで代用**してください。

ただしこれも、「どんな場合でも」というわけではありません。

少人数のオンライン会議ならば、声を出す相づちでも、特に問題にならないことが多いようです。相づちのタイミングをうまく合わせられるかどうかやってみて、ズレるようならうなずきに変えればよいでしょう。

BASIC 60

リアクションは「ややオーバー」に

BASIC 59で、「大人数のオンライン会議では、相づちを打たずにうなずきなどで代用する」ということを述べましたが、そのうなずきなどの**リアクション動作**について、気をつけるべきことがあります。

リアル会議では、その場の雰囲気を共有しているので、リアクションが小さくても、そのニュアンスが伝わります。しかしオンライン会議では、場の雰囲気がわかりにくくなりますし（BASIC 02参照）、そもそも小さな画面に映されるため、細かいリアクションは見落とされます。

ですから、オンライン会議の聞き手は、**「聞いていますよ」と話し手に伝える意識**を強くもち、全体的に**オーバー気味のリアクション**を取ってください。

リアクションに限らず、たとえば発言を求めて手を挙げるときなども、**大きくてわかりやすい動作**を心がけるとよいでしょう。

BASIC 61

自分の話を始めるのは、相手の話が終わってから

対面での会話やリアル会議でも大事なことですが、**相手の話をさえぎって、無理やり自分の話を始めるのは、重大なマナー違反**です。

何かを「言いたい！」と思っても、まずは抑えてください。すぐに声に出すのではなく、言いたいことを手もとでメモしてまとめておくと、会議を混乱させずにすむだけでなく、自分も冷静になれますし、あとで発言するとき、最短の時間で的確にしゃべることができます。

相手の話が終わったのを確かめてから、自分の意見を述べるようにしましょう。

特にオンラインでは、音声のタイムラグもありますから（BASIC 59参照）、「相手の話が終わったかどうか」を判断するには、注意力が必要です。**リアルよりも少し長めに間を取ってから、**自分の話を始めるようにしてください。

BASIC 62

発言の最初に名のる

オンライン会議で、どのようにして「話したい」と意思表示し、発言権を手に入れるかは、ケースバイケースだと思います。

挙手して、司会者に指名されてから発言するというのが一般的ですが、大人数の場合、「挙手したこと」自体が司会者から見えないこともありえます。

そういうときはたとえば、**「はい、谷です！」と名のりながら手も挙げる**形にすると、わかりやすくなるでしょう。

発言権については、会議ごとにルールを決めればよいと思いますが、特にメンバーが多いときや、初対面のメンバーがいるときは、**発言の最初に名のる**ことが、とても大事になってきます。たとえば、「総務部の△△です。この件については……」といった感じで話しはじめましょう。でないと、知らない人は「今、誰がどういう立場で話しているんだ？」と、とまどってしまいます。

BASIC 63

話すときは、まず落ち着いて

いよいよ自分が話しはじめることになったとき、心がけていただきたいのは、**落ち着いてゆっくりしゃべる**ことです。

リアル会議でもそうですが、感情が先走った状態や、極度に緊張した状態でしゃべりはじめると、話がまとまらなくなります。ひとつひとつ、話すべきことをロジカルに整理しながら話さないと、内容を理解してもらうことができません。

それに加えて、オンライン会議では、通信状態によって**ちょっと音声が聞こえにくい瞬間**ができたりします。早口でダーッとしゃべっているときに、プップツと音声が途切れると、「何を言っているのかまったくわからない」ということにもなりかねません。**ゆっくりめに話したほうが、オンライン会議では伝わりやすい**のです。

BASIC
64

ハキハキと明瞭にしゃべる

オンライン会議では、自分の声をほかのメンバーに伝えるのに、マイクとスピーカーを通さなければならないため、どうしても**「伝えにくく」なりがちだ、**ということはBASIC 03ですでに見ました。

それを補うため、自分が発言するときは、**言葉を明瞭に発音し、はっきりと意味を伝える**ように意識しましょう。ハキハキと、滑舌(かつぜつ)よく話すのです。その分、声量も少し大きくなると思います。

ただし、イヤフォンやヘッドセットをしていると、「自分がどれだけ大きい声を出しているか」がわからなくなりがちです。まわりに人がいる場合は、迷惑をかけないように気をつけてください。

BASIC 65

アピールしたいときはカメラを見て話す

対面で話をするときは、**アイコンタクト**が大事だといわれます。相手の目を見て話すことで、❶**相手へのアピール度を高める**と同時に、❷**相手の反応を確かめる**ことができます。

しかし、オンライン会議で同じように「相手の目を見て話す」と、パソコンについているカメラよりも下を見ることになります。画面に映る自分は、下を向いた状態になってしまうのです。これでは、相手へのアピールが弱まります。

オンライン会議では、アイコンタクトの❶の効果を上げようと思ったら、**カメラ目線**になる必要があるのです。

ずっとカメラを凝視しつづける必要はありませんが、聞き手の顔を見てばかりいるのではなく、**特に強調したいポイントなどではカメラを見る**ように意識するとよいでしょう。

BASIC 66

オンライン会議での発言は「短め」が基本

発言するときは、**内容をできるだけロジカルに整理して、簡潔に話しましょう。**これも本質的にはオンラインに限ったことではありませんが、オンライン会議は議題をしぼって、その分、短い時間設定で開催するものです。ひとりひとりの発言も、無駄に長くならないように気をつけてください。

リアル会議の聞き手は、「話し手と同じ空間にいる」という緊張感から、ある程度、集中力を高めて話を聞く傾向があります。しかしオンライン会議では、リラックスの場である自室から参加する人などは、本人も気づかないうちに集中力が落ちてしまうかもしれません。

そんな聞き手を惹(ひ)きつけるには、取りとめもなくダラダラとしゃべるのではなく、**短く要点を押さえて意見を述べたほうが効果的**です。

BASIC 67

発言に必要なのは「タイトル」と「ナンバー」

短く要点を押さえた発言をして、聞き手にはっきりとアピールしたいとき、とても有効なテクニックがあります。

「タイトル」をつけて「ナンバー」を振ることです。

タイトルとは、自分の発言の主題です。**「どういう主題の発言をするのか」を、発言の最初でまず予告**します。

たとえば、「今の○○さんのお話を受けて、この企画のターゲットについて、私の意見を申します」といった形で話しはじめるのです。こうすれば、聞き手も「どう聞けばよいか」がはっきりわかります。

そして**ナンバー**とは、**要点の数**です。

「理由は3つあります。ひとつめは……」というふうにポイントを整理して提示することで、聞き手の関心を持続させ、理解を助けてあげることができます。

BASIC 68

バトンを渡したい相手の名前を言う

「自分の発言は、誰に向けたものなのか」をはっきり示せる場合は、示したほうがよいでしょう。

しゃべりはじめる段階で、「○○さんに質問なのですが……」と言っておくと、相手もそのつもりで聞くことができ、また、あなたの発言が終わったあとに、その人がしゃべればよいことがわかります。

あるいは、自分の意見をひととおり述べたあとで、「○○さん、これについてどう思われますか？」などと、意見を聞きたい相手を指定する方法もあります。

リアル会議では、伝えたい相手に視線を向けることで、「これはあなたに対して言っているんですよ」と示すことが可能ですが、オンライン会議ではそれはできないので、このように名前を呼ぶわけです。これは、**次の発言者にバトンを渡す**ことにもなり、オンライン会議の進行がスムーズになります。

BASIC 69

言いっ放しにせず「以上です」でしめる

もちろん、どんなときも自分の発言に「特定の対象」がいるとは限りません。「自分の意見を、そのオンライン会議のメンバーみんなに向けて述べたい」という場合も多いでしょう。

そんなときも、述べたいことを述べ終わって突然黙ると、ほかのメンバーは「あれ、終わったのかな？」「次、しゃべって大丈夫なのかな？」と思い、微妙な「探り合い」の時間が生まれてしまうかもしれません。

ですから発言を終えるとき、**しめくくりに「以上です」とひと言添える**ことができると親切です。「終わりだ」とわかれば、司会者が引き取って、適切に会議を回してくれるでしょう。

メンバーとしてオンライン会議を円滑に進めるためのポイント

56 □ 背筋を伸ばし、姿勢をよくする。

57 □ 可能な状況ならばマスクを取り、明るい表情を見せることを心がける。

58 □ 大人数の場合、発言時以外はマイクをミュートに。

59 □ 大人数の場合、声に出して相づちを打つのではなく、うなずきなどで「聞いていますよ」と示す。

60 □ オーバー気味のリアクションを取る。

61 □ 相手の話が終わってから、自分の話を始める。

62 □ 発言の最初に、自分の名前を言う。

63 □ 落ち着いて、ゆっくりめに話す。

64 □ 言葉を明瞭に発音し、ハキハキとしゃべる。

65 □ 聞き手にアピールしたいポイントでは、カメラを見て話す。

66 □ ひとりで長くしゃべりすぎないよう、簡潔に意見を述べる。

67 □ 自分の発言の主題を先に提示した上で、要点の数を示しながら話す。

68 □ 特定の人に向けた発言ならば、その相手の名前を呼んで、発言のバトンを渡す。

69 □ 意見を述べ終わったら、「以上です」としめくくる。

オンライン会議で「引き出す」技術

この章では、特に「司会者としてオンライン会議に臨む人」が身につけるべきスキルを説明します。参加メンバーの意見をうまく「引き出す」ためのポイントとは、どういうものなのでしょうか。

BASIC 70

会議を進行するために頭に入れておくべきこと

本書の読者のみなさんの中には、現在、オンライン会議を取り仕切る**司会者**の立場にある方もおられるでしょう。今はそうでなくとも、いずれオンライン会議の司会を務めなければならなくなる可能性は、多くの人にあります。

この章では、みなさんが会議をうまく回していけるよう、**オンライン会議の司会者がもつべき心得やスキル**を説明していきます。

もちろん、メンバーとして会議に参加する方にとっても、**オンライン会議の生産性を高める**のに役立つ内容です。

司会者の役割は、会議を能率的に進行していくことです。

その役割を果たすためには、**会議の前に、会議の全体像を把握しておく**必要があります。

私たちは第2章で、オンライン会議の**全体デザイン**の作り方を見ました。

オンライン会議の当日に司会をするのが、全体デザインを設計した人であるならば、すでに全体像が頭に入っているはずです。

しかし、全体デザインの設計者と、当日の司会者は、いつも一致するとは限りません。全体デザインを組み立てた人が、別の人に司会を任せることもよくあります。

そういう場合、司会者に任命された人は、その会議の**5W1H**（BASIC 15 など参照）を、よく理解しておきましょう。

「何のための会議かなのかがあいまいだ」「どう決めればよいのか、よくわからない」といった状態では、オンライン会議を効率よく進行することはできません。**不明な点があったら、全体デザインを作った人に相談**しておいてください。

また、BASIC 22 で見た**会議進行の6段階のプロセス**（❶伝える→❷各自で考える→❸引き出す→❹まとめる→❺決める→❻共有する）も、司会をする際にはつねに意識するとよいでしょう。

BASIC 71

司会者がもつべき「スキル」と「心がけ」

マインド
スキル

司会者の役割は、会議を進行することですが、会議は何らかの「成果」を生まなければ、成功とはいえません。

会議の中で参加メンバーたちにうまくはたらきかけ、「成果」を生み出すのを助けることができるのが、すぐれた司会者だと私は思います。

ではそのために、どのようなスキルが必要になるのでしょうか。

BASIC 06でも述べましたが、**「引き出す」**技術と**「まとめる」**技術のふたつです。

会議のメンバーから、さまざまなものを巧(たく)みに「引き出す」ことが、司会者には求められます。

意見や**アイデア**を引き出すのはもちろん、**やる気**を引き出したり、ときにはひとりひとりの**愚痴**(ぐち)や**批判**を含めた反対意見を引き出したりすることも大切です（BASIC 78 参照）。

引き出したあとは、「まとめる」ことが必要になります。

バラバラの意見やアイデア、各自の「思い」を、集めてひとかたまりにし、みんなが「これでいこう」と言える形に一致させるのです。

そのためには、**メンバーの考えを「見える化」しながら整理していく**ことが必要です。

リアル会議ではホワイトボードを使いますが、オンライン会議の場合、**画面共有**の機能を利用します。議論の内容を同時進行で記録しつつ、その記録を画面上で共有するのです。

このような「引き出す」と「まとめる」を効率的に行いたいとき、司会者に求められるのは、**中立のスタンス**です。

もし司会者が、特定の意見にあからさまに肩入れしていたら、感情的に反発す

るメンバーも出てくるでしょう。「司会者がこれでは、私が意見を言っても無駄だ」と黙ってしまう人もいるかもしれません。

もちろん、司会者も人間であり、何らかの利害の中にいるはずですから、そういう意味では完全な「中立」はありえません。しかし、「司会者という役割としては、あくまで中立の立場を取る」ということを意識し、まわりにも示してください。

特にオンラインでは、この中立性が非常に大事になってきます。

というのも、オンライン会議には、**ひとりの人の発言が強い影響力をもちやすい側面がある**からです。

リアル会議では、誰かが発言するとき、その人が占めている空間は、「会議室の全体」に比べればかなり小さいといえます。

一方、オンライン会議では、発言者が大きく映される機能もあり、発言者が場に対して占める割合が大きく感じられます。

もちろん、場の雰囲気やメンバーの集中度など、ほかの要素もあるので単純には比べられませんが、私の経験からいうと、オンライン会議では**ひとりの発言者が大勢のメンバーにダイレクトにアピールする**という**「一対多」の構図**が生まれやすいようです。

オンライン会議の司会者は、そのような傾向もあることを知った上で、自分の態度が会議の全体を偏った方向へ誘導しないように、あるいは、ひとつの極端な主張に全体が引っ張られすぎないように、冷静な中立の立場を心がけるようにしていただきたいと思います。

BASIC 72

ひとりで抱え込みすぎないことも大事

司会者は、オンライン会議が滞らないように進行しつつ、メンバーから意見やアイデアを引き出し、それをまとめていくわけですが、「これを全部、ひとりで完璧にこなさなければ！」と思うと、けっこう大変です。

また、メンバーたちは、困ったことがあったら司会者に頼ってきます。そうなると、全体を進めながら、個別の事情に対処していかなければいけません。

オンラインでの会議なので、通信関係のトラブルもあるでしょう。そして通信トラブルは、司会者自身にも起こる可能性があります。

もし、同時にこなすべきことが多すぎてパニックになったりするようなら、最初から無理をせず、**ほかのメンバーに負担の一部を預けたほうがよい**と思います。

まず、「まとめる」の役割は、**記録係**に分担してもらうことができます。

スキル
マインド

記録係に、議論の経過を「ひと目でわかる」形に整理しながら記録してもらうのです。そして、**画面共有**などによって、みんながつねにそれを見られるようにすれば、「まとめる」に関する司会者の負担は、かなり軽くなります。

このことについては、次の第8章でくわしく見ていきましょう。

また、**アシスタント**の役割を担当してくれる人を置いて、司会の仕事の全般を助けてもらうのも有効です。

具体的に何を頼むかは、司会者がやりやすいように決めればよいですが、次のようなことが考えられます。司会者にとっては心強い存在になるでしょう。

❶ **チャットのチェック**を任せる。
❷ **個別の電話対応**が必要になったときに任せる。
❸ 会議中に**インターネット検索**などが必要になったときは任せる。
❹ 司会者の通信状態が悪くなったときは、**一時的に司会を代行**してもらう。

BASIC 73

「引き出す」ための3つの基本アクション

司会者がメンバーの意見やアイデアを引き出そうとするとき、必要な**基本的アクション**は、次の3つです。

❶問いかける

さまざまな問いを投げかけることで、メンバーの発言を引き出します。

メンバーの「考え」は、もともとはっきりした形でその人の中にあるとは限りません。まとまらない状態のモヤモヤしたものが、ちょっとしたきっかけでつながってアイデアになったりすることもあります。

ですから、司会者の問いかけは重要です。これについては、BASIC 74であらためて解説します。

❷見る

議論の場では、メンバーの発言だけでなく、**表情や態度**からも、多くの情報を得ることができます。

司会者は、みんなの状態をよく見て、「この人は今、何か発言したいようだから、指名しよう」とか、「みんな悩んでいるみたいだから、少し早いけれどここで休憩を入れて、考える時間を取ろう」とか、適切な判断をしたいものです。これについては、BASIC 75 でもう少しくわしく見てみましょう。

❸聞く

メンバーが話しやすい雰囲気を作って、**発言者の話に耳を傾ける**のも、司会者の大事な仕事です。

そうすることで、よい意見やアイデアが集まりますし、「自分の意見を、ちゃんと聞いてもらえた」という手ごたえがあれば、望む結果を得られなかったメンバーも、ある程度は納得してくれるものです。これについては、BASIC 76 で扱います。

BASIC 74

司会者の「質問力」が会議の質を上げる

司会者の3つの基本アクションのうち、まずは「**問いかける**」からくわしく見てみます。

会議の場での「問いかけ」というと、メンバーに「この件については、どう思いますか」と訊いていけばいいように思われるかもしれませんが、そういう「**決まりきった問い**」**だけではなかなか、活発で生産的な議論にはつながりにくい**、というのが実際のところです。

オンライン会議を活性化し、クリエイティブなアイデアを引き出したいならば、司会者は、**相手に与える効果**を考えて質問するようにしたいものです。その場の状況を感じ取った上で、「**この問いを投げかけると、相手の中でどんな化学反応が起こるか**」を考えて問いかけるのです。

スキル
マインド

これは言い換えると、**「自分のための質問」**だけでなく、**「相手のための質問」をする**、ということでもあります。

「自分のための質問」をすれば、自分の知らなかったことを相手から教えてもらえますが、相手の考え自体は、深まったり大きくなったりしません。

それに対して、うまく**「相手のための質問」**ができたとき、相手の中で、次のような変化が起こります。

- これまで考えずにいたことについて、考えるようになる。
- 意識していなかったことを思い出す。
- 新しい視点が手に入り、ものごとを別の角度から考えられるようになる。
- 発想が広がり、新しいアイデアが湧いてくる。

問いかけによってこのような反応を起こさせれば、オンライン会議の場で、メンバーの**気づき**や**新しい発想**、**隠れていた能力**なども引き出すことができるのです。

では、そのような問いかけを行うには、何に気をつければよいのでしょうか。

「質問力」のある司会者になるためのポイントは、次の3つです。

❶相手のレベルに合わせた形式で

どんなによい内容の問いかけでも、相手が受け取って消化できなければ、よいアイデアにつながりません。問題となっているテーマに関して、相手の考えがどこまで深まっているかを見きわめて、次の4種類の質問形式を使い分けましょう。

Ⓓは最も高度で、即答は難しいものですが、「考えを深めてもらう」という意味で、大事なところで投げかけていきたい質問です。

Ⓐ**YES/NO型**…「はい」か「いいえ」の二択で答えてもらう。

Ⓑ**選択型**……………選択肢を提示して選んでもらう。

Ⓒ**情報限定型**………「いつ?」「誰?」など、範囲をしぼって考えてもらう。

Ⓓ**自由回答型**………「どう思う?」など、範囲を限定せず自由に考えてもらう。

❷ポジティブな言葉を使う

たとえば、「あの企画は、どこが悪かったのだと思いますか？」と問いかけると、相手は「悪かったところ」を探して、ネガティブな思考をめぐらすことになります。

逆に、相手の思考をポジティブな方向にはたらかせたければ、ポジティブな言葉を使うことが大事です。反省するべき点を考えさせたい場合も、「もっとよくなりそうなところはどこだと思いますか？」というふうに、ポジティブな言葉で言い換えましょう。

❸質問はシンプルに

ごちゃごちゃと複雑な形で訊（たず）ねたり、いくつもの事項を同時に問うたりしても、相手は混乱するだけです。質問は一度にひとつ、シンプルに問いましょう。

ちなみに、シンプルな質問フレーズとして、「**具体的には？**」と「**ほかには？**」のふたつは、とても強力です。このふたつを効果的に使えば、たくさんの意見やアイデアが引き出せます。

BASIC 75

意見をもっている人を見つけ出す「観察力」

意見やアイデアを「引き出す」ための、司会者の基本アクションのふたつめは、**「見る」**ことです。

オンライン会議の画面上に並んでいるメンバーたちを**よく観察してみる**と、いろいろなことが見えてきます。

たとえば、Aさんが意見を述べているとき、Bさんが**眉をしかめ、小さなため息をつく**のが見えたとします。どうもBさんは、Aさんの意見に対して、反対意見をもっているようです。

また、Cさんが**何だか落ち着かない様子になり、まわりをチラチラ見回している**とします。これも、言いたいことがあるのかもしれません。

こういうことに気づいたら、司会者は、

「Bさん、何かご意見があれば、ぜひお願いします」

「Cさん、おっしゃりたいことがあれば、聞かせてください」

と、指名して話してもらいましょう。高い確率で、有意義な意見を引き出すことができます。

そのほかにも、オンライン会議に参加しているメンバーは、絶えず何らかの**サイン**を出しています。

つまらなそうな表情で話を聞いていた人が、ある話題になると、急に**身を乗り出して聞きはじめた**とします。この場合、きっとその話題に興味をもったのでしょう。

あるいは、発言者がしゃべっているのを聞いていた人が、**資料を手に取って読みはじめた**とすると、それは発言者の話に疑問を抱(いだ)いたせいかもしれません。

そのようなサインに気づければ、**適切なタイミングで話を振る**ことができます。

メンバーの様子をよく見て、「引き出せそうな人」を探しましょう。

BASIC 76

「聞く力」のポイントはレスポンス

「引き出す」ための基本アクションの3つめは、「聞く」ことです。いよいよ口を開いてくれたメンバーの話を、**ほかのメンバーを代表してしっかり聞く**のは、司会者の大事な役目だといえます。

発言者が気持ちよく、言いたいことを言えるように「聞く」には、相手への思いやりと、ちょっとした技術が必要になります。自分では真剣に「聞いている」つもりでも、「聞いている」ことが発言者に伝わらず、「ちゃんと聞いてくれているのかな……」と思われている、ということは意外に多いのです。

発言者に「話しやすい」と思ってもらうために、「聞いていますよ」ということを、次のような**はっきりしたレスポンス**の形にして示しましょう。

❶ 大きくうなずく

❷「はい」「へー！」「なるほど」など、さまざまな**相づち**を打つ
❸「面白いですね、もう少し聞かせてください」など、**言葉で話をうながす**
❹**相手の言葉をくり返して確認する**

❶についてはBASIC60で、❷についてはBASIC59でふれました。オンライン会議では、特に大人数の場合、みんなが声に出して相づちを打つと混乱が生じかねませんが、司会者は、うまく相づちを打てるなら打ってもよいと思います。また、発言者の話から「もっと引き出せそうだな」と感じたら、❸のようにお願いしましょう。

発言者の言っていることが理解できなかったり、「的外れだな」と思ったりした場合も、スルーしたり否定したりするのではなく、❹のレスポンスを返しましょう。たとえば、発言者が「資料の5ページの、補足①が気になります」と言ったとして、それが取るに足りない些細(ささい)なことであっても、「補足①が気になるんですね」とくり返すのです。発言者は「ちゃんと聞いてもらえた」という手ごたえを感じますし、オンライン会議全体が発言しやすい場になっていきます。

BASIC 77

みんなに発言してもらう指名テクニック

せっかく必要な人が集まってオンライン会議を開くのですから、できればみんな受け身にならず、意見を言ってもらいたいものです。司会者が、会議の参加メンバーから発言を引き出すには、いろいろな方法があります。

❶「意見のある方はいらっしゃいますか？」と全体に訊く

オーソドックスな方法で、もちろん有効です。しかし、「いつも決まった人しか発言しない」というパターンになることもあります。

❷「○○さん、どう思いますか？」と指名する

内容に応じて、「誰に話してもらうのが最適か」を考えておき、指名します。場合によっては、事前に「この話題になったら、ご意見をうかがいますね」と本人に予告しておいたほうがよいかもしれません。

❸「全員、ひと言ずつお願いします」と順番に回す

早い段階で「のちほど、全員からご意見をいただきますね」と伝えておき、そのタイミングが来たら、ひと言ずつ発言してもらいます。「あとで発言しなければならない」とわかっていると、メンバーの側の関心や集中力も増します。

❹メンバーに「誰の意見を聞きたいですか?」と訊き、指名してもらう

たとえば、いつも活発に発言してくれるメンバーがいても、「そのせいでかえって、ほかの人が受け身になっている」という場合もあります。そんなときは、発言が終わったメンバーに、「どなたの意見を聞きたいですか?」と問いかけて、別のメンバーを指名してもらうのも有効です。メンバー全体の参加姿勢が変わり、オンライン会議が、より多様な意見の出る場になっていきます。

BASIC 78

ポジティブとネガティブを同時に「引き出す」

スキル マインド

チームをうまく回していくには、ポジティブな意見やアイデア、あるいはやる気だけを引き出したいと思ってしまうものですが、それだけではうまくいかないこともあります。

メンバーが不安や不満をもっている場合、**それも引き出して対処する**ことが必要です。

たとえば、新規プロジェクトなどが始まるとき、全員が「いいですね」「やりましょう」とポジティブに思えるならよいのですが、ほとんどの場合、そうはなりません。

それぞれの立場で、ポジティブの度合いとネガティブの度合いが違います。

「自分の立場から見ると、新規プロジェクトに取り組むのがよいとは思えない」

というメンバーもいるでしょう。

それなのに、オンライン会議が「ポジティブな発言しか許容しない場」になっていたら、ネガティブな気持ちをもったメンバーは「どうせ……」と沈黙し、水面下で不満をため込みます。

そういう不満が各所に蓄積されると、チームがまとまらず、プロジェクトもうまくいきません。

ですから、司会者が**中立の立場**から、**ポジティブな意見だけでなく、ネガティブな意見も引き出す**ことが大事なのです。

ネガティブな立場からの反対意見は、結局は通らないかもしれませんが、それが引き出されて検討されることで、プロジェクト全体がよりよいものに練り上げられます。

また、発言者も**「自分の立場が理解された」という手ごたえ**を感じ、チームへの参加意識を強めるでしょう。こうして**チームの一体感**が生まれるのです。

ただし、ポジティブな意見だけを引き出そうとするとよくないのと同様、ネガティブな意見ばかりを引き出そうとしてもいけません。

「じゃあみんな、思いきりネガティブ意見を言っちゃってください」とうながして、ネガティブなことについてばかり話していると、どうしても気持ちが後ろ向きになり、「やっぱり無理なんじゃない？」「新規プロジェクト、やらないほうがいいか……」というムードが蔓延(まんえん)してきます。

しかしこれはこれで、客観的な判断だとはいえません。また、特にテレワーク環境では、限られた機会の中で行っているコミュニケーションがネガティブな色に染(そ)まると、仕事全体によくない影響が出てきかねません。

ネガティブな意見を引き出すときのコツは、**ネガポジ同時に引き出す**ということです。どういうことかというと、たとえば新規プロジェクトについて、次の3つを一緒に出してもらうのです。

❶うまくいかないのではないかと不安な点（ネガティブ）

❷うまくいったときに得られる**成果**（ポジティブ）
❸うまくいかせるために**大事だと思うこと**

ネガティブなことにだけ目を向けるのではなく、これら3つをそれぞれたくさん出していけば、**メリットとデメリットをはかりにかけて、冷静に判断する**ことができます。
「成果が出る可能性があるなら、やってみよう」という前向きなムードを作りつつ、不安材料に関してはひとつひとつ対策を考え、必要なタスクに取り組んでいけるでしょう。

司会者は、ポジティブだけを引き出そうとしても、ネガティブだけを引き出そうとしてもいけません。中立の立場で、ポジティブとネガティブのバランスを取っていくのです。

BASIC 79

ネガティブ発言ばかりの人にどう対処するか

ネガティブな意見がまったく出ないのは問題ですが、ネガティブなことばかり言う人がいたら、それはそれで司会者にとっては頭の痛い問題です。どのように対処すればよいでしょうか。

まわりにとっては迷惑なレベルだったとしても、本人は「言うべきこと」だと思って言っているわけですから、まずはしっかり聞いて、「ご意見ありがとうございます」と**発言への感謝**を伝えるべきです。

その上で、休憩時間を活用して、「さっきのご意見ですけど、問題点を踏まえて前向きに進めるには、どうしたらよいと思いますか？」と、**代案**などについても聞いてみましょう。

「困った人だなあ」と排除するのではなく、このような対応を続けていると、相手の態度もだんだんと、協力的なものに変わってきます。

スキル
マインド

メンバーの「受け身」意識をなくす

否定的意見ばかりの人よりも、ある意味、司会者を困らせるのは、**会議への参加意識が低い人**です。必要最低限のメンバーを招集しているはずのオンライン会議ですが（BASIC 18 参照）、それでも場合によっては、**何も言わずに映っているだけの人**が出てきます。**居眠りや「内職」をする人**もいるかもしれません。

司会者としては、オンライン会議に対するメンバーの**集中を切らさないように、進行を工夫**したいものです。たとえば、「ただ話を聞くだけ」の時間は短くして、ディスカッションの時間を取りましょう。資料を読むとき、運営側が読むのではなく、メンバーを指名して読んでもらうこともできます。BASIC 77 のテクニックも駆使して、**メンバーの「受け身」意識を取り去ってください**。

その上で必要に応じて、次の会議から参加メンバーを見直したり、集中しやすい時間帯を選んだりするとよいでしょう。

スキル
マインド

BASIC
81

「考えるための沈黙」を恐れない

オンライン会議に対するメンバーの参加意識が低いと、意見やアイデアを引き出しづらくて困りますが、しかし、たとえば「何か意見はありませんか？」という司会者の問いかけに対してシーンとしたからといって、「みんな意見を言うつもりがない」とは限りません。**自分のアイデアをまとめようと、静かに考えている場合も多い**のです。

オンライン会議では特に、沈黙が続くのは怖いものです。ですから、自分でそのまましゃべりつづける司会者もよくいます。

「たとえばこんな意見があるかもしれません」とか、「こんなアイデアも考えられますね」とか、あるいは、自分の質問の意図をくどくどと説明して、間(ま)を埋(う)めているつもりになっています。「私がこうしてしゃべっている間に、みんな、考えをまとめてね」と思っているのでしょう。

しかし、司会者がずっと話をしていると、メンバーそれぞれの思考をジャマしてしまいます。

司会者は、ときには**沈黙を恐れずに、「各自が考える時間」を取りましょう。**

質問の内容に応じて、数十秒から数分間。ただ黙ってしまうと、不安になるメンバーもいるでしょうから、**「考える時間を1分間取ります」というふうに宣言**して、時間を明示します。

あるいは、休憩時間が近くなっていれば、**「少し早いですが、考える時間も兼ねて、休憩に入ります」と、いったん区切る**のも手です。

BASIC
82

「少人数の会議」に分けると活性化することも

オンライン会議にはいろいろな規模のものがあり、人数によって「盛り上がり方」が違います。

もちろん、どんな会議でもある程度、活発に意見交換がなされる場にしたいものですが、何十人とか、それ以上の人数の会議では、全体で議論を活性化しようとしても、実際のところ限界があります。

本当に全員で活発に意見をやり取りしたいなら、その適正人数は4人くらいだというのが、私の考えです。

たとえば、**大人数の会議の枠内で、グループワークとして少人数の会議を行い、その結果をまた大人数の会議にフィードバックする**という手段も有効なのではないでしょうか。

スキル
マインド

そして、オンライン会議ツールには、そのように全員の会議と少人数の会議を使い分けられる機能が出てきています。

その代表例が、「Zoom」の**ブレイクアウトルーム**です。

この機能では、ひとつのミーティングを、小さなセッションに分割し、メンバーを振り分けることができます。

全体で考えるべき問題が出てきたとき、「これについて、4人ずつのグループで議論してください」と言って、少人数に分けてみましょう。

もちろん、いきなりだととまどってしまうメンバーもいるでしょうから、**どのように議論すればよいのか、よく説明します。**

場合によっては、「**誰から、どういう順番で話すか**」「**ひとりあたり何分ずつ意見を言うか**」なども指定してあげるとよいと思います。また、「**時間内に、テーマについて話し終えたら、雑談しておいてください**」とも伝えておきましょう。

BASIC 83

メンバーの「理解度」をチェックする方法

オンライン会議の司会をやっていると、「ここで話していることに関して、みんなどれくらいちゃんと理解しているのかな」と、確かめる必要を感じるときがあります。しかし、特に大人数の場合、ひとりひとりとやり取りすると、なかなか時間がかかります。

そういうときは、たとえば「ここまでのところ、よくわからないことがあったら、**チャット**で書いてください」と全体に投げかけるのも手です。そうして、チャットの意見を**アシスタント**に集約してもらい、「わからなかった」という意見があった事項については補足説明を行うのです。

また、BASIC 82 の**ブレイクアウトルーム**の機能などを使って、少人数グループに分かれて「ここまででわかったことと不明な点」をふり返る時間を取り、そのあと全体での質疑応答を行うのも効率的です。

「結論」を出す前に「言い分」を聞く

多くの会議では、議題ごとに何らかの「結論」を出すことになります（そうでない会議もありますが）。その際に「どう決めるか」に関しては、BASIC21でくわしく解説しました。

実際にオンライン会議を進行する中で、議題に関する「結論」を出す前に、できれば時間を取ってやっておきたいことがあります。それは、**それぞれの立場の「言い分」を聞いておく**、ということです。「聞く」ことは司会者の基本的なアクションのひとつであり、この章で何度も取り上げてきましたが、「結論」を出す前にはもう一度、「ちゃんと言い分を聞けたかな」と確認してください。

「結論」が出ると、自分の意見が通らなかった人や、望まない役割を任せられる人が出てきます。そういう人にも何らかの形で納得してもらうためには、「言い分をしっかり聞いた」という事実が必要なのです。

メンバーの意見やアイデアを上手に「引き出す」ためのポイント

70 □ 会議の全体像と、進行のプロセスを把握しておく。

71 □ 司会者は、「引き出す」役割と「まとめる」役割を果たすため、中立の立場を心がける。

72 □ 記録係やアシスタントと仕事を分担する。

73 □ 司会者の基本アクションは「問いかける」「見る」「聞く」。

74 □ 相手に与える効果を考えて問いかける。

75 □ メンバーの様子をよく観察する。

76 □ 発言者が話しやすいようにレスポンスする。

77 □ メンバーに話を振る方法を使い分ける。

78 □ ポジティブなものとネガティブなもの、両方を引き出す。

79 □ ネガティブな意見を言う人も大事にする。

80 □ 進行を工夫して、メンバーの集中と参加意識を高める。

81 □ メンバーが考えるための静かな時間も取る。

82 □ 小グループに分けて議論してもらうこともできる。

83 □ チャットなどを使ってメンバーの理解度をチェック。

84 □ 決定の前にはそれぞれの立場の「言い分」を聞く。

オンライン会議を「まとめる」技術

この章では、オンライン会議で引き出された意見やアイデアを「まとめる」ために、記録係が身につけるべきスキルを紹介します。メンバーの発言を「見える化」して共有していくことは、その会議をよりよいものにすることに役立ちます。

BASIC
85

会議の成果を何倍にもする「リアルタイム議事録」

第7章では、オンライン会議の**司会者**が担うふたつの役割のうち、「引き出す」にフォーカスしました。この章では、「**まとめる**」のスキルを取り上げます。「まとめる」のうちの大きな部分を占めるのは、**メンバーの意見やアイデアを、整理しながらリアルタイムで記録し、ひと目でわかる形で共有する**ことです。その仕事は、**記録係**が分担することができます。

会議の場で出てくる意見を、リアルタイムで書きとめていく情報共有は、一般に「議事録（ぎじろく）」と呼ばれるものを作ることに、とりあえずは近いといえます。ですから、ここでは**リアルタイム議事録**と呼ぶことにしましょう。

しかし、「議事録」は普通、会議のあとに見るものだと思います。

それに対してリアルタイム議事録は、もちろん会議のあとに「会議の記録」を残しもしますが、けっして記録のためだけのものではありません。

リアルタイムで「見える化」しながら意見を書きとめていくと、**同じ意見が何度も出るような時間の無駄が、ずいぶん減ります。**

また、バラバラに出てくるアイデアを、うまく整理して書きとめられれば、**参加しているメンバーみんなの頭の中も整理されていきます。**その結果、議論がうまく噛み合い、どんどん前に進むようになります。

リアルタイム議事録は、進行中のその会議自体を、より効率化し、よりよい結果に導く（みちび）ための方法なのです。

「まとめる」仕事を務める記録係は、けっして自分勝手に書いていってはいけません。あくまで**みんなの代わりにメモを取る**というスタンスでいることが大事です。発言者や、オンライン会議の場全体に確認を取りながら、対話の中で仕事を進めてください。記録係がそのスタンスをつらぬくことで、リアルタイム議事録を共有するメンバーの間に、**みんなでひとつのものを作っていく**という一体感が生まれてきます。

BASIC 86

オンライン会議での「リアルタイム議事録」

「**リアルタイム議事録**」というのは、じつは本書で初めて作った言葉です。私はこれまで、それを単に「ホワイトボード」と呼んできました。というのも、リアル会議では、**出てくる意見やアイデアをホワイトボードに「見える化」**していたからです。

リアル会議の記録係は、ホワイトボードの横に立って、メンバーの発言をボード上に整理していきます。メンバーは、それぞれ適宜ホワイトボードを見て、自分の考えをまとめ、結論に向けて会議を進めていきます。そして、会議が終わったとき、そのホワイトボード自体が「議事録」になるのです（実際、多くのメンバーがホワイトボードの写真を撮って帰ります）。

オンライン会議では、これとまったく同じ形でホワイトボードを使うことはできません。では、オンライン会議のリアルタイム議事録は、どのように取ればよいのでしょうか。

おススメなのは、オンライン会議ツールの**画面共有**を利用することです。記録係がリアルタイム議事録をつけていく画面を、みんなで共有しながら会議を進めていくわけです。

その際に共有するのは、Excelなどのソフトの画面でもよいですし、タッチペンを使ってフリーハンドで書き込みができる**手書きノートアプリ**も便利です。私は「GoodNotes（グッドノート）」というアプリを使っています。そのほか、私が使っている一式を、巻末の２４２ページに紹介しておきますので、参考までにご覧ください。

デジタルではなく、**アナログのツールを使うことも可能**です。大きめのスケッチブックや、小さいホワイトボードなどを用意して、リアルタイム議事録を手書きで書き込んでいくのです。

ただし、この方法だと、映る画面が小さくなったり、書き込む動作と提示する動作でせわしない感じになったりするデメリットがあります。

BASIC
87

最初にこれだけは書いておきたい4つのこと

リアルタイム議事録は、「まったくの白紙」からつけはじめるよりも、いろいろな意味で**「枠」を作ってから書き込んでいく**ほうが、記録しやすいだけでなく、効果が大きくなります。

まずは、**最初の段階で書いておくべき項目**を紹介しましょう。

❶ 会議の**タイトル**や**テーマ**
❷ **日時**（開始時刻と終了予定時刻）
❸ 本日の**議題**と出したい**アウトプット**
❹ **参加メンバー**

これらの情報がひとつの画面（スケッチブックのページやホワイトボードでも

OKです）にそろっていると、メンバーみんなにとって便利ですし、「何を話し合うべきか」を見失わずにすみます。**みんなの意見を「まとめる」ための、大きな「枠」**になるのです。

オンライン会議の最初に、記録係に任命されたら、まずはこれらの項目を書いて、画面共有しましょう。もちろん、オンライン会議が始まる前に書いておいて、最初から画面共有してもかまいません。

また、❸については、**ひとつの議題が終わるごとにチェックを入れていく**ことができると、オンライン会議の進捗も「見える化」され、「もう時間が半分過ぎたのに、議題は3分の2も残っている」など、**メンバーみんなが進行への意識をもつ**ことができます。

フレームを用意して埋めていく

リアルタイム議事録を作っていくとき、つねに意識していたいのは、「バラバラに引き出されてくる意見やアイデアを、**整理しながら書きとめる**」ということです。出てくるまま、行き当たりばったりに書いていくと、まとまりのないものになってしまいます。

整理にも、「枠」が役立ちます。

ここでの「枠」とは、文字どおり、画面に引かれたフレームのことです。

手書きノートアプリで線を引いても、Excelを使ってもよいのですが、**フレームを用意してそれを埋めていく**ことが、リアルタイム議事録の基本になります。

最もオーソドックスなフレームは、上に横線を1本、右寄りに縦線を1本引い

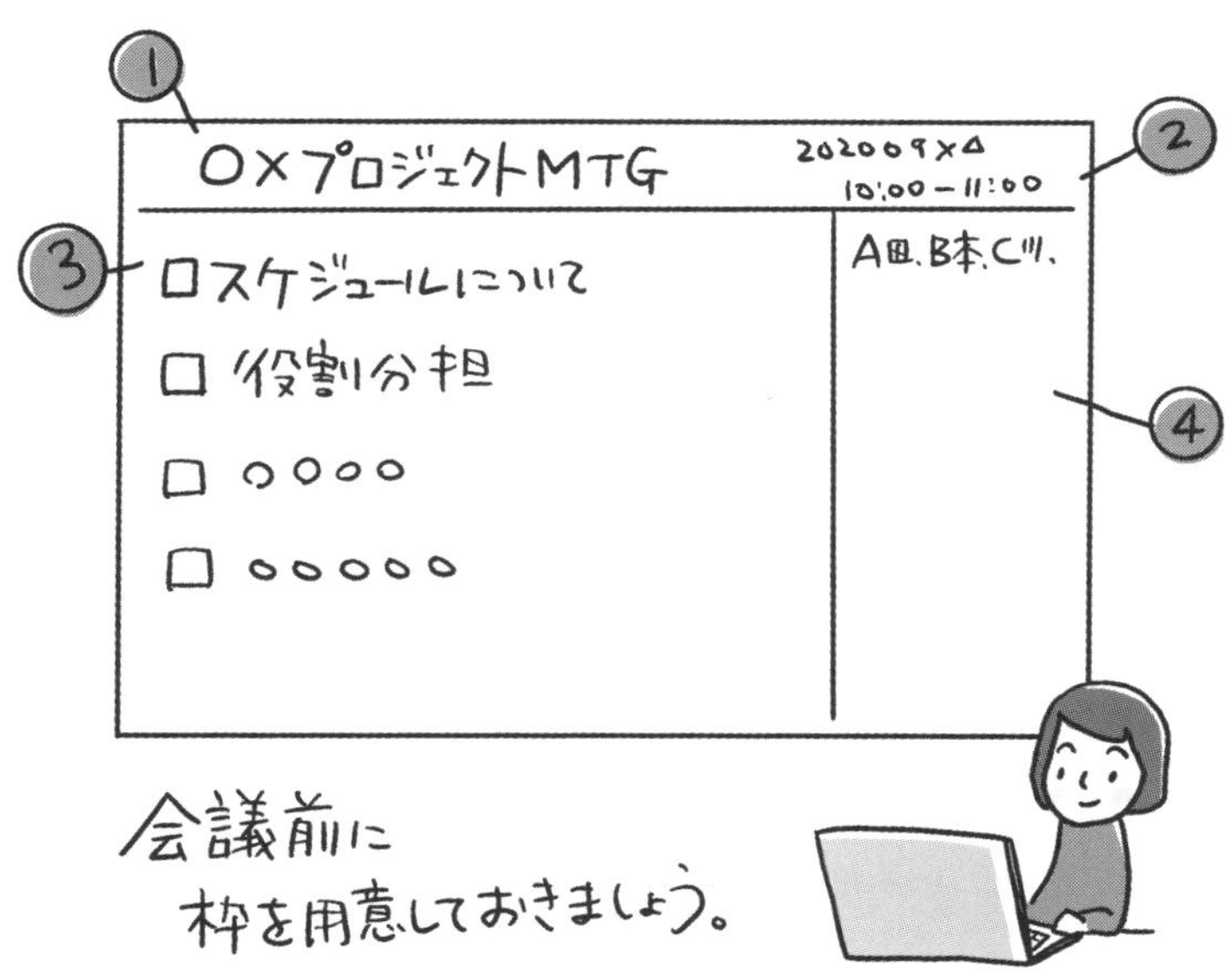

たものです。

上のスペースには、❶会議のタイトルやテーマ、❷日時を書きます。

左のスペースには、❸本日の議題と出したいアウトプット、そして出てきた意見やアイデアを書き込んでいきます。

右のスペースには、❹参加メンバーと、**メインの議題からちょっと外れたこと**や（BASIC 90 参照）、**議論のまとめ**などをメモします。

BASIC 89

フレームワークを議題ごとに使いこなす

議題によっては、BASIC 88で紹介したものとは別のフレームを用意して、意見やアイデアを構造的に分類していくとよいでしょう。

便利なのは**Tチャート**です。

議題について、「ポジティブ／ネガティブ」「メリット／デメリット」「賛成理由／反対理由」など、**二項対立的に意見を整理する**のに便利なフレームです。

作り方は簡単です。画面に大きな「T」状の線を引き、横線の上に議題を書きます。そして、対立するふたつの立場などを、縦線の右側と左側に割り当てればよいのです。

あとは、出てきた意見を、右側か左側かに振り分けていきます。このとき、意見が出るたびに、「それは右側ですか？　左側ですか？」と確認してから書きま

しょう。

こうすれば、すべての意見の意味づけがはっきり「見える化」されるので、メンバーみんなの頭の中が整理され、「議論が噛み合わない」ということがほとんどなくなります。

もうひとつ、問題解決のためのオンライン会議に活用していただきたいフレームが、**Iチャート**です。**GROWモデル**という考え方を下敷きにしたもので、私

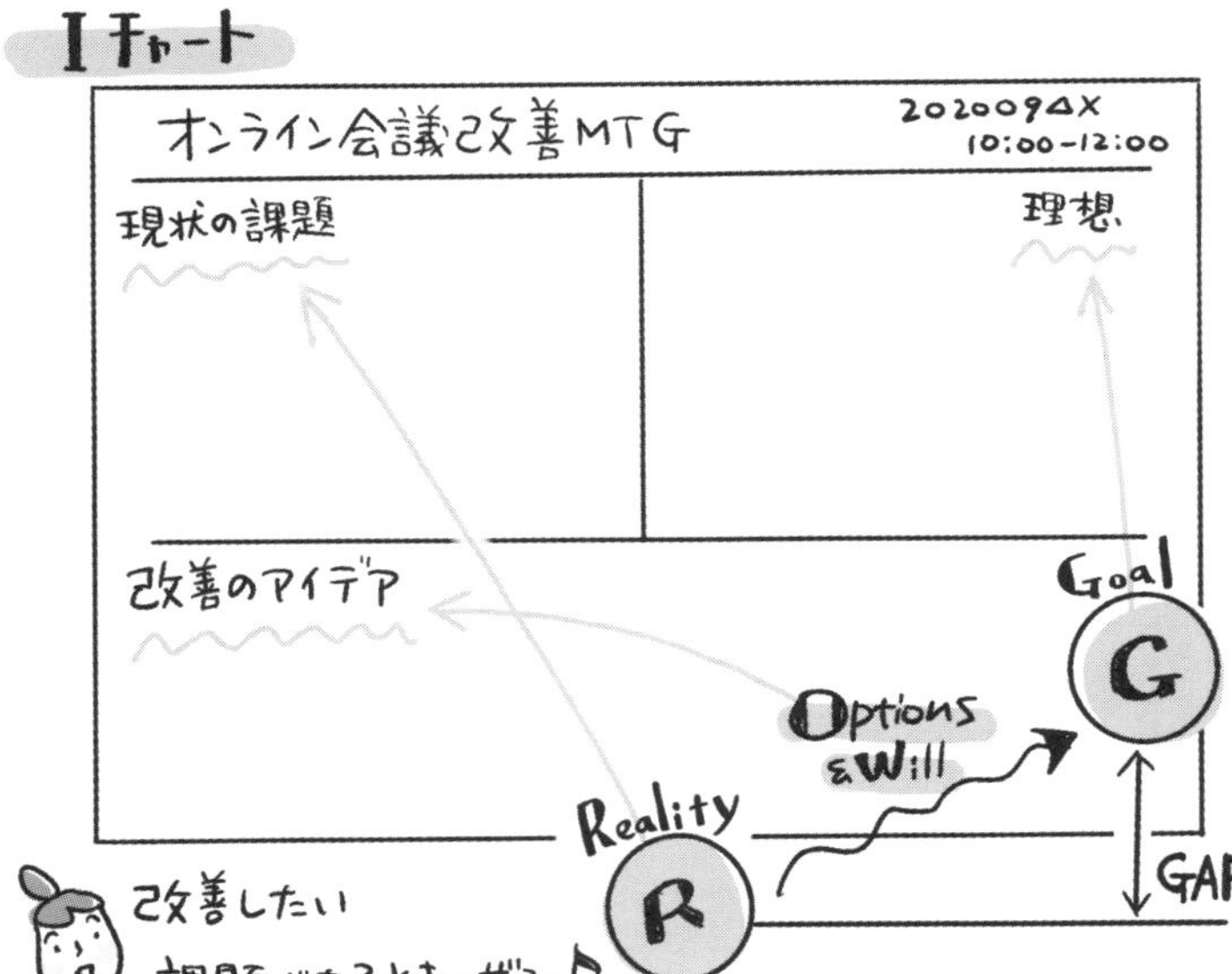

は長年、これを個人的に使っています。

GROWモデルでは、**理想の目標**（Goal）を設定して、そこに至っていない**現状**（Reality）のデータをそろえ、**目標に向けて何をするか**（Option）、**みんなの意志**（Will）はどうかを分析します。これをフレームとして「見える化」するのが、Iチャートなのです。

まず、横に長い「I」状の線を引き、上側の横線の上に議題を書きます。縦線の左側には現状を、右側には理想を書きます。そして、下側の横線の下の広いスペースに、これから取るべき行動や、メンバーの意志（本当にやれるか、不安はないかなど）を書き込んでいくのです。

こういったフレームワークを使いこなせれば、オンライン会議はますます生産的になります。また、リアルタイム議事録をつけるのも楽しくなっていくはずです。

「脱線スペース」も作っておく

せっかくフレームを用意して、議題やテーマを「見える化」しても、そこから**脱線**してしまう人は、どうしてもいるものです。自分の思いつきを話さずにはいられず、「そういえば、あの件だけど……」とか、「○○さんといえば、この間……」とか、オンライン会議の主旨と関係ないことをしゃべりはじめてしまいます。運営側としてはすぐに本題に戻したいと思っても、発言者のほうは、自分が会議を停滞させていることになかなか気づきません。

そんなときのために、リアルタイム議事録の右側に設けていただきたいのが、**脱線スペース**です。

「今の議論と違う内容だなあ」と感じる意見が出てきたら、「**とても大切なご意見ですが、今の議題とは違うので、ここに残しておきますね**」と言って、その脱

線スペースに書き込みます。そして、すぐに本題に戻ればよいのです。

発言者は、「そうか、脱線してしまったなあ」と思いますが、しゃべることはできたわけですし、書きとめてもらってもいるので、気持ちは落ち着きます。自分の脱線の記録が残っているため、再度の脱線もしにくくなります。

このスペースは、**「脱線なのか、本題に関連しているのか、ちょっとわからない」というような意見**にも使えます。とりあえず、いったん脱線スペースにメモを残しておいて、あとで必要に応じて取り上げ、再度議論することができるのです。

BASIC 91

箇条書きで、重複意見は書かない

オンライン会議で出てきた発言を、すべてリアルタイム議事録に書き込もうとすると、すぐに画面が文字であふれてしまいます。長い文章を書くと、ひと目でわかる形に収まりません。

ですから、リアルタイム議事録は、基本的に**シンプルな箇条書き**にしてください。語尾や長い言い回しは、適宜、省略・圧縮してOKです。

意見が出た順に、上から書きはじめます。同じ内容の意見が出たときは、あらためて書くことはせず、「ここで出た意見と同じですね」と確認しましょう。

何度も出てくる意見やキーワードについては、**アンダーライン**を引いたり、**マーカーでハイライト**したりすると、「みんな、ここに注目しているんだな」というのがよくわかります。

BASIC 92

本人が使った言葉を使い、「これでいいですか？」

リアルタイム議事録に意見を書きとめるとき、どうしても、**本人の意図とズレる可能性**があります。「そういうつもりで言ったんじゃないんだけど……」という不満は、できるだけなくしたいものです。

ですから、省略や圧縮は仕方がないとしても、できるだけ**本人が使った言葉をそのまま使う**ようにしましょう。単語を勝手に言い換えると、それだけでニュアンスが変わる可能性があります。

また、ある人の意見を書き込んだら、**発言者に「これでいいですか？」と確認する**ことも大事です。こういう手続きを取ると、誤解がなくなりますし、「この会議では、発言を丁寧に扱ってくれる」と、メンバーに安心感が生まれます。

意見やアイデアを「まとめる」ためのポイント

85 □ 「まとめる」仕事を分担する記録係は、「みんなの代わりにメモを取る」というスタンスで、会議の場全体と対話しながら「リアルタイム議事録」を作っていく。

86 □ オンライン会議のリアルタイム議事録は、画面共有の機能を利用して作っていけばよい。

87 □ 会議の最初の段階で、「会議のタイトル」「本日のテーマ」「参加メンバー」「本日の議題と出したいアウトプット」「日時（開始時刻と終了予定時刻）」の５項目を書いておく。

88 □ リアルタイム議事録は、「用意したフレームを埋める」という形でつけると、うまく整理できる。

89 □ 議題の特性に応じて、「Ｔチャート」や「Ｉチャート」といったフレームワークを使い分けられるとよい。

90 □ リアルタイム議事録には、脱線意見を書きとめるスペースも設けておく。

91 □ 意見やアイデアは、箇条書きで、重複しないようにまとめる。

92 □ 発言者の意図からズレないよう、発言者の言葉を使って書き、書いたあとは確認を取る。

オンライン会議の終わり方

この章では、オンライン会議の終了の仕方や、終了後にするべきことを説明します。終わったあとに「結局、どうなったんだっけ？」「何をするんだっけ？」とならないためのケアが重要です。

BASIC 93

タイムキーパーの役割

どんなに有意義な意見が飛び交うオンライン会議でも、いつまでも続くようでは困ります。終わりの時間が決まっており、その時刻にちゃんと終わることが大事です。終わりがあるからこそ、よい会議だといえるのではないでしょうか。

そして、終了時刻までに、話し合うべき議題をすべてクリアできるようにするのが、**タイムキーパー**の役割です。

どんな会議にも必要な3つの役割（BASIC 06参照）のうち、**司会者**の仕事については第7章で、**記録係**の仕事については第8章でくわしく説明しましたが、ここで、もうひとつのタイムキーパーという役割について見ておきましょう。

タイムキーパーは、オンライン会議の時間を管理します。

「会議の時間」といったときに思い浮かぶのは、オンライン会議が終わるまでの

全体の時間でしょう。たしかにタイムキーパーは、つねに会議時間の終わりをにらみながら、全体の進行に気を配ります。

だからこそ、タイムキーパーは全体の時間だけでなく、**個人の発言時間**も管理する必要があります。**限られた時間内で、参加メンバー全員が必要なことを言えるよう**、それぞれの発言の時間にも調整の手を入れなければならないのです。

もちろん、メンバーそれぞれが「無駄に長くしゃべらないようにしよう」と十分に気をつけていれば、タイムキーパーが個人の発言時間に介入する必要もないわけですが、なかなかそうはいきません。タイムキーパーは、**発言者が時間を浪費しすぎないように対策を立てる**必要があります。

具体的には、ひとりの話が長くなってきたら「そろそろいいでしょうか」と区切ります。必要に応じて、「ひとつの発言は1分以内でお願いします」といった制限を課すのも有効です。

「そんなこと、上司に言えないよ」という人も多いでしょう。ですからおススメは、**立場が上の人にタイムキーパーをお願いする**ことです。「メンバーの中で最も上の人がタイムキーパーを務める」というルールを作るとやりやすくなります。

BASIC 94

会議が終わらないときはどう延長するか

会議は、時間内に終わらせるべきもの。……とはいえ実際は、思いどおりにいくとは限りません。タイムキーパーがどんなに努力して調整しても、予定した時間内にオンライン会議が終わらないことはあります。

タイムキーパーは、「これは、間違いなく終わらないな」と判断したらその時点で、**延長について検討**しましょう。

ここでのポイントは、タイムキーパー自身が勝手に「30分延長します」と判断したり、司会者やリーダーにだけ相談したりするのではなく、**メンバー全員に確認を取る**ことです。

特にテレワークの状況下では、予定時間を超過してオンライン会議を続けるのは難しい人や、次のオンライン会議がすぐあとに入っている人もいるでしょう。ですから、「**延長できない人は、時間どおりに退出してOK**」ということを、当

然の前提にするべきです。

その前提の上で、「30分、延長したいと思います。予定時刻に抜けなければならない方はいますか？」と問いかけ、抜けなければならない人を把握しましょう。

そして司会者は、終了予定時刻までの間は、**抜けなければならない人に優先的に意見を言ってもらう**ように進行してください。

もちろん、「時間までにすべての議題について話し終わらない」となったとき、延長するのではなく、**予定時刻でオンライン会議を切る**という選択肢もあります。

その場合も、タイムキーパーは、メンバー全員の同意を取るようにしましょう。

「××の議題については、個別に詰めてもらうことはできるでしょうか」というふうに、全体に提案するのです。

提案されたら、「それでいいかどうか」「誰と誰が話し合うか」「個別に詰めた結果をどう情報共有するか」などについてみんなで話し合い、司会者が調整してまとめてください。

BASIC 95

会議を終える前に絶対に確認しておくべきこと

さて、いよいよオンライン会議の終了時刻が迫ってきました。最後には、**「今日決まったことはこれだよね」**と、**ざっと確認する時間**を取りましょう。それと合わせて、必ず決めておかなければならないこともあります。この確認は、普段は顔を合わせないテレワーク環境下では、特に重要なものです。終了時刻ギリギリでも、必ず確認の時間を取ってください。

❶「誰が、いつまでに、何をやるか」

各議題について「この方向で進めていきましょう」と合意に至っていても、よくよく考えてみると、それを実現する具体的な道筋は決まっていないままだった、ということは意外に多いものです。

最後の段階で、今後必要なアクションについて、Ⓐ**誰が**（**責任者**）、Ⓑ**いつま**

でに**（締め切り）**、**Ⓒ何をやるか（具体的作業内容）**を確認してください。

また、**作業進行中の報告・連絡・相談をどのように行うか**も、合わせて確認します。これについてはBASIC 99を参照してください。

❷今日のオンライン会議の記録や情報をどう共有するか

オンライン会議の間に、記録係が中心となって、みんなで**リアルタイム議事録**を作っています。これは会議のあと重宝するはずです。また、会議中に「この情報は、あとでみんなに流します」といった話も出ているかもしれません。

そのような記録や情報を、会議後にどのように共有するかを、みんなで確認しておきましょう。

❸次回のスケジュール

継続するプロジェクトの場合、次回のオンライン会議の予定を必ず決めましょう。「次回の予定は、あとでみなさんのご都合をうかがって、調整します」というふうにすると、調整に大きな労力をかけることになってしまいます。

BASIC 96

「ふり返りの時間」を取れば会議後がグッと楽になる

特にオンライン会議の参加人数が多いときなどは、**「今話したことはどういうことだったのか」をメンバーみんながちゃんと理解しているか**、会議の最後に確認しておきたいことと思います。

そんなとき、司会者が全体に「質問はありませんか?」と問いかけても、反応がないことがあります。

「よかった、みんなわかってるんだ」と思いたいところですが、そうとも限りません。いろいろなことを話したり聞いたりしたあとで、「何がわかっていないのか、わかっていない」という人も多いものです。

そこでおススメしたいのは、**ブレイクアウトルーム**(BASIC 82 参照)の機能などを使って、メンバーどうしで理解度を確認し合う**ふり返りの時間**を取ることです。

「今日のオンライン会議で話したことについて、疑問点がないかどうか、ふたりずつで確認してみてください」といった具合に、いったん小グループに分けて対話してもらいます。ひとりでは「わかったつもり」になっていたことも、誰かと話をすれば、「あ、わかっていなかった」と気づけるものです。数分後に全体に戻り、「不明点はありませんか？」と問いかけると、たくさんの質問や確認が出てきます。

全部で10分くらいかかるかもしれませんが、この時間を取っておくと、オンライン会議が終わったあとの「誰が責任者でしたっけ？」「いつが締め切りでしたっけ？」「作業内容は何でしたっけ？」といった問い合わせも、「せっかく計画を作ったのに、誰も実行しない……」という悩みも激減します。ぜひやってみてください。

BASIC 97

メンバーの退出とオンライン会議の終了

最後の確認も終わったら、オンライン会議は終わりです。会議に参加していたメンバーは**退出**しましょう。

退出に関しては、司会者が「**最後にみなさん、ひと言ずつあいさつしながら、自分のタイミングで退出してください**」とうながす形をおススメします。「若手は、上司が退出するまで待つ」など謎の作法が噂（うわさ）になったりもしていますが、そういうことに変にこだわらない文化を作ったほうがよいと、私は思います。

ただ、特に外部からの参加メンバーがいる場合などは、運営側の人は最後まで残り、メンバーがみんな退出するのを待ったほうがよいでしょう。そしてみんなが出たあとで、**ホスト**の人などがそのオンライン会議自体を終了します。

オンライン会議の記録を共有する

参加メンバーがみんな退出しました。オンライン会議を終了しました。しかし、ここで「終わり」ではありません。

会議は、そのあとのアクションのためのもの。みんながやるべきことをやれるように、オンライン会議のあとのケアを、しっかりと行いましょう。

真っ先にやるべきなのは、**リアルタイム議事録**の共有です。オンライン会議を**レコーディング**していて、その録音・録画データを共有したいということもあるかと思います。また、会議中に話題にのぼった情報なども、しかるべきメンバーが忘れないうちに共有します。

このとき、「あれ？　誰がどの情報を流すんだったっけ？」とならないように、BASIC 95で「共有の仕方」を共有しておくわけです。

BASIC 99

会議後、チームのメンバーを「個別対応」でフォロー

最大限によいオンライン会議ができたとしても、会議で決まったことが、会議後に必ず実行されるとは限りません。たとえば、メンバーのコンディションや、会社全体の問題、もっと大きな外部的要因など、「実行できない理由」はいろいろともち上がってくるものです。

チームのリーダーは、**会議後のフォロー**をしっかり行うことで、**「会議で決まったことは、必ず実行する」というチーム文化**を確立しましょう。

特にテレワーク環境では、「会社で何となく様子を見る」ことができませんから、意識的にチャットやメールで連絡を取ったり、オンラインで**プチミーティング**（BASIC 14参照）を行ったりすることが必要になります。

このとき重要なのは、「メンバーそれぞれに**個別対応**する」ということです。

当たり前のことですが、メンバーの性格はそれぞれ違います。「放っておかれたらやる気が出ない」と考えるAさんもいれば、「どうせやらなきゃいけないなら、任せてもらいたい」と考えるBさんもいるでしょう。

オンライン会議のあと、頻繁にチャットで「困ってることはない？」と声をかけたら、Aさんは「気にかけてもらっている」と思ってやる気を出しても、Bさんは「助けが必要ならこっちから相談しますよ！」と反発するかもしれません。

逆に、何も言わずにおくと、Bさんは黙々と仕事を進めるでしょうが、Aさんは「まったく声をかけずに丸投げなんて、興味がないのか」とモチベーションを下げてしまいます。

ですから、チームのメンバーの個性に合わせた個別対応が必要になるのです。

オンライン会議の最終段階で「作業進行中の報告・連絡・相談をどのように行うか」を確認したのは（BASIC 95参照）、この個別対応のためです。

「Aさんには、ちょいちょいチャットするからね」とか、「Bさんは、毎週水曜日に進捗を報告してね」などとあらかじめ決めておくと、それぞれに合ったフォローがやりやすくなり、フォローされるほうも納得してくれます。

次のオンライン会議をよりよいものにするために

ここまで、オンライン会議の準備、本番、会議後にまつわる「基本」を、99項目も見てきました。本書をガイドにして、実際にオンライン会議をやってみると、「うまくいった！」ということや、「もっとよくしたい！」と思うことが、いろいろと出てくるでしょう。

そういうことを踏まえて、**「次のオンライン会議は、時間をもっと短くできないかな？」「内容をもっと濃くできないかな？」**と思ったら、ぜひ進め方を工夫をして、チャレンジしてみてください。

あなたが営業部員だとします。定例のオンライン会議では、各部門の担当者が、目標と現状、最近起こったことなどを報告します。「何か質問はありますか？」と問いかけても、誰も何も言わず、しばらく無言の間があったのちに、次の部門の担当者にバトンタッチ。……いつもはこのような感じだとしましょう。

この会議は結局、一方的な報告だけの場になってしまっています。わざわざみんながオンラインで集まるのですから、**「集まらなければできないこと」にしぼれば、もっと短時間で、内容の濃い会議になるかもしれません。**

たとえば、目標や現状の数字は、事前にメールやクラウド上のファイルで共有し、みんながチェックしておきます。その上でオンライン会議では、各部門が、上長（じょうちょう）や他部門からの質問を受けるのです。

このような「改革」を行うには、「オンライン会議の2日前には実績を共有しておく」「前日には他部門の資料に目を通し、質問を用意しておく」など、いつも**ルールを新設**する必要があります。「そんな大きな変更をするのは難しい」と、尻込みする人もいるかもしれません。

しかし、これからの時代、私たちはテレワーク化の中で、新しい働き方をしていくことになります。今はちょうど転換期、つまり、**新しいことを試すチャンス**です。本書で紹介した100のBASICSの上に立ち、よりよいオンライン会議を作っていってください。

オンライン会議の終了時と終了後のポイント

93 □ できれば「立場が上の人」がタイムキーパーになり、オンライン会議全体の時間と、個人の発言時間を管理する。

94 □ 「決められた終了時刻までの間に、オンライン会議が終わりそうにない」とわかったら、タイムキーパーは参加メンバー全員に対して、延長などについての確認を取る。

95 □ オンライン会議を終了する前に、その会議で決まったことや、会議の記録の共有、次回スケジュールなどについての確認を行う。

96 □ オンライン会議の最後に、メンバーどうしでの「ふり返りの時間」を取ると、全員の理解度が大幅に上がる。

97 □ メンバーが退出したのち、運営側がオンライン会議を終了する。

98 □ 会議後、リアルタイム議事録などを共有する。

99 □ チームのリーダーは、オンライン会議後のメンバーを「個別対応」でフォローする。

100 □ 「よりよいオンライン会議」を作るために、工夫を続ける。

巻末付録

オンラインブレインストーミング

ここまでの本編ではおもに、通常の業務やプロジェクトを進めるビジネス上のミーティングを想定して、オンライン会議の方法を説明してきました。ここではちょっと視点を変えて、「いろいろなタイプのミーティングをオンラインで開くには、どんなコツがあるのか」を見てみましょう。

何かのテーマについて多様なアイデアがほしいとき、有効な会議の方法として、**ブレインストーミング**（ブレスト）があります。複数の人が集まって意見を述べ合うのですが、「**他人の意見を否定しない**」「**アイデアの質よりも量を重視する**」といったルールを設けることで、自由に発想を広げることができます。

ただし、単にみんなでワイワイやれば成果が出る、というわけではありません。まず、メンバーの選定にあたっては、できるだけ**多様な価値観や考え方をもった人たちが集まるようにする**とよいでしょう。また、それぞれのメンバーが所定のテーマについて、**事前にある程度の勉強をしておく**ほうが、ブレストの場が有意義になります。

もちろん、ブレストもオンラインで開催することができます。

オンラインでブレストを行う一番のメリットは、**ゲストを呼べる**ことではないでしょうか。「このテーマについて、ぜひこの人の意見が聞きたい！」となったとき、リアルに呼ぶなら交通費を払ったりする必要がありますが、オンラインだと交通費が不要なので、遠くに住んでいる人であっても比較的気軽にゲストに呼んで、貴重な意見を聞くことができるのです。

しかし、ブレストならではの、場それ自体の楽しさというか、「この場でみんなと話していると、何だかどんどんアイデアが出てくる！」といった感じは、どうしても味わいづらくなります。

ですから、**効率的にデザインする**ことが大事です。**個人で考える時間**も間に入れながら、「今回はゲストの話を聞いて勉強するインプットの回」「今回はみんなで自由にアイデアを出すアウトプットの回」というふうに、目的を決めて小刻(こきざ)みに、フットワーク軽く開催するのがおススメです。

いろいろな
オンライン
ミーティング❷

オンライン研修会

さまざまなテーマについて考えを広げたり深めたり、スキルを高めたりするための**研修会**も、今後、オンライン化が進んでいくでしょう（「セミナー」と「ウェブ」を組み合わせた**ウェビナー**という用語も、一般に知られてきました）。

研修会は、大きく2種類に分けられます。

❶知識をインプットするもの
❷実技をともなうもの

❶はいわゆる**座学**（ざがく）ですが、もし講師が一方的に話をするだけなら、レクチャーをあらかじめレコーディングして、オンデマンド配信すればこと足りるのではないかと私は思います（リアルタイムでみんながログインすると、通信トラブル

のリスクも生じます）。❶をわざわざミーティング形式で開催するなら、その意義は、**質疑応答**や**参加者どうしのディスカッション**を行えることにあります。

ですから、**どう参加者に発言してもらうか**がポイントになるでしょう。

広く意見を募（つの）りたい場合、**チャット**などのテキスト形式で発信してもらい、講師（やアシスタントなど運営側）が選択して取り上げるのが効率的です。

また、参加者どうしでディスカッションしてもらいたい場合は、「Zoom」の**ブレイクアウトルーム**（BASIC 82 参照）などを使って、参加者を「小さい会議室」に数人ずつ振り分けます。その際、各グループのメンバーに「司会者」「記録係」「タイムキーパー」などの役割を割り当てると、議論が活発になります。

❷は、**オンライン料理教室**などをイメージするとわかりやすいでしょう。このタイプのオンライン研修会では、講師の手もとを中心に、**「やっていることがよく見える」ようなカメラの設置、切り替え**が重要です。

また、講師ではなく参加者の手もとなどを映し、それを見て講師が指導を入れる**反転授業**（はんてんじゅぎょう）も、オンラインではやりやすいといえます。この場合もカメラの設置などが大事で、**「撮り方」を参加者に指示する**ことが必要になります。

いろいろな
オンライン
ミーティング❸

オンライン飲み会

最近は、**飲み会**もずいぶんオンライン化が進んできています。場所代がかからず、終電も気にしなくていいなど、メリットも多いオンライン飲み会は、オンライン研修会のあとの**懇親会**(こんしんかい)にも使えます。

しかし、「やめどきがわからず、ダラダラ飲んでしまう」「つい明け方までやってしまった」といったケースも多く、「オンライン飲み会疲れ」の声も耳にします。じつは私もそうです。せっかくの飲み会ですから、ストレスなく飲めるようにしたいですね。

会議もそうですが（BASIC 82 参照）、**みんなでワイワイと楽しく語り合える適正人数は、4人くらい**です。それ以上の人数になると、「これはどういう会なんだろう」「どう飲んでどう話せばいいんだろう」ととまどう人も出てきます。

そこで大事なのが、**その場のテーマや進行の仕方**です。たとえば、「同期のA

さんの転勤が決まったから、送別会を兼ねて飲もう」といった目的を明確に設定します。司会者も立てて、「まずはBさんから経緯を話してもらいましょう」「みなさんひと言ずつAさんにお言葉を」などと回していきます。Aさんと司会者と、そのときの発言者だけカメラをオンにして、あとはみんなカメラオフでまったり飲む、といったやり方もいいでしょう。

研修会の講師を囲んでの懇親会は、やはり**ブレイクアウトルーム**などを利用して、**「みんなで話す時間」と「小グループに分かれて話す時間」を取る**のが有効だと思います。メインの「大部屋」には講師がいて、講師と話したい人はそこで飲む。ほかの参加者と交流したい人は「小部屋」に分かれて飲む。「話を聞きたいだけ」という人はカメラオフでOK。それで20分くらい飲んだら、一度みんなで「大部屋」に集合し、ちょっと話してまた「小部屋」を再編成します。20分後、最後にまた「大部屋」に全員集合して、それぞれのタイミングで退出して終了。

大事なのは「せっかくだから」と深追いせず、**「腹八分目」**（はらはちぶんめ）**で終わること**です。

また、**事前に同じ飲み物やおつまみを用意して、「これおいしいね」と話しながら飲む**と、オンラインでも一体感が味わえますので、試してみてください。

オンライン会議Q&A

Q 谷さんがオンライン会議に使っているツールなど一式を教えてください！

A 私がオンラインで会議や研修を行うときは、下のようなセッティングでやっています。ツールは「Zoom」を使うのがほとんどですね。パソコンでホストとしてログインし、画面共有のためにiPadでも同一アカウントでログインしています。

Q 初めてオンライン会議を運営するのですが、一番気をつけるべきことは何ですか？

A 私はいつも、とにかく入念に打ち合わせをします。オンライン会議の背景や目的、どういう状態にもっていけばいいのかなど、事前に詰めに詰めてください。それから、予行演習です。

Q オンライン会議で司会者をやるとき、場の雰囲気がつかめなくてモヤモヤしているのですが、どうすればいいですか？

A 「うまくいかない」ことを想定して準備するのがいいと思います。「オンラインでは雰囲気がつかめないもの」という前提で臨めば、ほんの少し反応が見えたときにも「よし！」と気分がよくなります。

Q いつもオンライン会議が長引きがちで、司会者がうまく切り上げてくれないのですが、参加メンバーとしてできることはありますか？

A まずは、自分の発言で時間を取らないよう、わかりやすくコンパクトに話すこと。さらに、誰もちゃんと時間管理をしてくれないなら、あなたが「隠れタイムキーパー」になるのも手です。たとえば、会議の最初に「何時までやります？」と言ったり、時間が延びそうなら「優先順位の高いものから終わらせませんか？」と提案したり。そうすることで、チーム全体の時間意識を高めていきましょう。

おわりに

「Zoomを使えばオンラインでもできますよ」

そう言ってサポートしてくれたのは、早稲田大学ビジネススクールの受講生萩原さん。2018年8月の夜、台風迫る集中講義でのことでした。学校に来られないメンバーのために行った初めてのオンライン&リアルの「ハイブリッド型授業」は、ドキドキしながらも大成功。オンラインの可能性にワクワクしたのを鮮やかに覚えています。

オンラインツールを使うきっかけとなったこの日のように、新しいチャレンジには、いつも誰かの声かけや、サポートがありました。

「オンライン会議のコツを教えてください」とセミナー企画を立ててくれたのは、ビジネス課題の解決力が身につくサービス「3BOOKS」代表の山際さん。リアルとオンラインの違いは？　共通して気をつけるべきことは？　など、「3BOOKS」メンバーと何度も重ねた議論の成果は、そのまま本書の大切なエッセンスとなりました。

また、「オンラインで研修できる？」「子育て支援をしたい」「ワインスクールを立ち上げるには……」「移住者交流会を開催したい」など、多くの方から多様なご相談をいただいたおかげで、場数を踏み、さまざまな知見を得ることができたのだと、ありがたくふり返っています。

よりよいオンライン会議を開くには、まずはやってみること。やってみてふり返り、改善を重ねること。その体験こそが、リアルもオンラインでも隔てなく、成果を生み出す対話の場を作る力につながります。

本書との出会いが、みなさんにとって最初の1歩を軽やかに踏み出すきっかけとなり、サポートとなりますように。オンラインで、リアルで、いつかお目にかかれる未来を楽しみにしています！

OKADAさん
KIYOSUEさん
AZUMAさん
Web
TANI

Special Thanks

本書こそ、オンライン会議なくしての完成はありえませんでした。企画・編集・営業チームのみなさま、本当にありがとうございました！

20200905 谷益美

谷 益美（たに　ますみ）

コーチ、ファシリテーター、イラストレーター。株式会社ONDO代表取締役。1974年香川県生まれ、香川大学卒。

建材商社営業職、IT企業営業職を経て2005年独立。早稲田大学ビジネススクール非常勤講師。NPO法人国際コーチ連盟日本支部顧問。NPO法人日本コーチ協会四国チャプター相談役。

専門はビジネスコーチング及びファシリテーション。企業、大学、官公庁などで、年間約200本の実践的学びの場作りを行う。雑誌やウェブサイトへの記事寄稿、取材依頼等多数。

著書に『リーダーのための！　ファシリテーションスキル』『まとまる！　決まる！　動き出す！　ホワイトボード仕事術』（すばる舎）、『マンガでやさしくわかるファシリテーション』（日本能率協会マネジメントセンター）などがある。

〈株式会社ONDO〉
https://ondo.company/

イラスト／谷 益美
編集協力／ユニバーサル・パブリシング株式会社

チームの成果を最大化する
オンライン会議 BASICS 100

2020年9月30日　初版第1刷発行

著　者——谷　益美

発行者——張　士洛
発行所——日本能率協会マネジメントセンター
〒103-6009 東京都中央区日本橋2-7-1　東京日本橋タワー
TEL 03(6362)4339(編集)／03(6362)4558(販売)
FAX 03(3272)8128(編集)／03(3272)8127(販売)
http://www.jmam.co.jp/

装丁・本文デザイン———ユニバーサル・パブリシング株式会社
印刷所———シナノ書籍印刷株式会社
製本所———株式会社三森製本所

ISBN 978-4-8207-2840-5 C2034
落丁・乱丁はおとりかえします。
PRINTED IN JAPAN